JULIE REY

NO KIDS

Éditrice : Elsa Whyte

Loi n° 49-956 du 16 juillet 1949 sur les publications
destinées à la jeunesse et aux jeunes adultes

ISBN : 978-2-221-27044-8
Dépôt légal : janvier 2024
Éditions Robert Laffont – 92, avenue de France, 75013 Paris

À ma fille Jeanne
À Pauline
À mon amie Emma B.

Avec :
MORTEN KARLSSON : un adolescent de seize ans
MALIKA ELKAÏM : une adolescente de seize ans, en couple avec Morten
KYLIAN BÂTARD : un adolescent de seize ans, ami d'enfance de Morten
LA MÈRE DE MORTEN, également proviseure du lycée
RAFFIA ELKAÏM : la grand-mère de Malika
L'INFIRMIÈRE du lycée

Les trois rôles d'adultes peuvent être joués par une seule et même comédienne.

Trois lieux parcourent ce texte : la chambre de Morten, l'infirmerie, et une salle de repos qui jouxte cette dernière. Trois lieux dans lesquels peuvent figurer des objets communs.

PROLOGUE

MORTEN

Chambre de Morten

Morten, Malika, la mère de Morten

Ma chambre ressemble à une chambre d'ado, dixit ma mère : des habits étalés un peu partout, sur le sol, pendus à mon lit et même parfois à l'horloge au mur, mon bureau recouvert de BD et de casquettes que je collectionne, mon étagère qui croule sous les mangas et les magazines de gamers. Le tout forme ce que ma mère appelle « un bordel sans nom » et que j'appelle « mon monde à moi ».

Quand Malika vient, je fais des efforts, je pousse tout sous le lit ou je jette tout dans les tiroirs où il reste de la place, parce que, chez elle, c'est toujours nickel.

Aujourd'hui, rien ne traîne.

Aujourd'hui, on se filme.

Je me recoiffe. Troisième essai vidéo.

L'éclairage est bon, un panneau led est posé face à nous. Les rideaux sont tirés. On est dans l'obscurité. Malika lance la vidéo.

MALIKA

Malika, seize ans.

MORTEN

Morten, seize ans.

On s'est rencontrés au lycée et on est ensemble depuis huit mois, presque huit mois et demi.

Son bras se tend et coupe la vidéo.

MALIKA

C'est pas utile de leur dire.

MORTEN

C'est important. On est ensemble, ça veut dire qu'on est super motivés parce que ça nous lie, tous les deux.

MALIKA

Ce qui importe, c'est le mouvement.

Pas qu'on soit ensemble même si j'adore être avec toi…

On recommence ?

Je tends les lèvres. Elle m'embrasse.

MALIKA

T'es prêt ?

Quatrième essai.

MALIKA

Malika, seize ans.

MORTEN

Morten, seize ans.

MALIKA

On est tous les deux très concernés par les problèmes d'environnement. On sait qu'avoir des enfants pour notre génération, c'est continuer d'abîmer la planète et ses ressources…

MORTEN

C'est les faire naître dans un monde où la sixième extinction de masse a déjà lieu.

MALIKA

Où l'argent décide de presque tout.

MORTEN

C'est pourquoi on a décidé de lancer un mouvement No Kids dans notre lycée.

Je fixe l'écran, je me vois à l'envers, mon sweat à capuche sur les épaules et mes cheveux en vrac. J'ai mon portable à la main, mes notes sur l'écran, je zoome discrètement de la main gauche et je fais défiler la page quand c'est à moi de parler.

MALIKA

On veut « diffuser nos idées », comme un sachet de thé dans une tasse.

MORTEN

Plus le sachet infuse, plus il colore le monde autour avec les idées qu'il porte.

MALIKA

C'est pour ça qu'on milite, pour que ça change. « Militer », ça fait « militaire », mais il faut être radicale, sinon, rien ne passe. Radical sans fusils. Radical avec des idées !

MORTEN

Morten, seize ans, sachet de thé !

MALIKA

On prépare une action visible de tous. On va peindre deux slogans sur les murs du lycée. « *No kids but a future* », « *No kids, more life* », deux slogans écrits à la peinture à l'eau.

MORTEN

Biodégradable. L'idée, c'est pas d'abîmer.

C'est de faire prendre conscience.

Je bouge un peu sur ma chaise.

Elle marque un temps, met la vidéo sur pause.

MALIKA

Cette version est géniale !

Elle pose ses lèvres dans mon cou. Ça me fait comme une décharge électrique.

Un coup d'œil aux dernières notes sur mon téléphone. Je relis en biais, je me répète les mots, que ça avance.

J'ai d'autres plans avec elle, je voudrais qu'on s'embrasse encore comme tout à l'heure, quand on était collés l'un à l'autre. Elle appuie sur l'écran. La vidéo reprend.

MALIKA

C'est pour notre engagement et nos actions à venir qu'on aimerait participer à votre émission, Green Teens.

MORTEN

Parce qu'on pense qu'on peut vraiment apporter quelque chose, et puis c'est important pour nous, le collectif.

MALIKA
Chez moi, toutes les femmes sont engagées.
MORTEN
Les femmes et son père.
MALIKA
Mais surtout les femmes.
Ma grand-mère militait pour le droit à l'avortement, ma mère aussi et moi, pour No Kids.

Elle m'adresse un petit signe : sourire et regard caméra. J'enchaîne.

MORTEN
C'était Malika…
MALIKA
Et Morten.

Elle appuie sur le rond rouge de la caméra de mon iPhone et se rassoit. Je m'approche d'elle et je l'embrasse, mes mains collées à son dos. C'est à ce moment-là que ma mère arrive dans ma chambre, sans frapper, et qu'elle claque sa main sur l'interrupteur à l'entrée. L'ampoule au-dessus de nous crache une lumière jaunâtre.

LA MÈRE DE MORTEN
Qu'est-ce que vous faites dans l'obscurité à cette heure ?
MORTEN
Je t'ai déjà dit de frapper !

MALIKA
Bonjour madame Karlsson.
LA MÈRE DE MORTEN
Bonjour Malika.
Désolée de vous interrompre.
Je pensais que vous étiez partie.

Elle jette un regard circulaire à ma chambre. Elle voit le lit défait derrière nous. Je m'attends à un commentaire, je la fixe, regard noir, histoire qu'elle n'ajoute pas un mot. Je me lève, j'éteins le panneau led, j'ouvre les rideaux. La lumière du soleil éclaire la pièce, tellement que ça nous fait mal aux yeux.

MORTEN
On faisait une vidéo.

Elle sourit, regard en coin. Je sais très bien à quoi elle pense. Si je pouvais, je ferais le mort comme je fais quand elle rentre tard le soir et qu'elle ouvre la porte de ma chambre pour voir si je dors.

LA MÈRE DE MORTEN
Pour les réseaux ?
MORTEN
Oui.
LA MÈRE DE MORTEN
Ton père vient encore de me harceler à propos des vacances d'été. Il insiste pour que tu partes plus longtemps avec lui en Espagne.

Et comme il n'est pas du genre à patienter... j'aimerais que tu règles ça avec lui.

MORTEN

J'irai pas passer trois semaines là-bas. Je veux rester avec Malika.

Je lui ai déjà dit.

... Sors de ma chambre maintenant !

LA MÈRE DE MORTEN

Il va encore me rappeler et j'ai vraiment autre chose à faire !

MORTEN

Dis-lui que je viendrai pas.

LA MÈRE DE MORTEN

Morten... Tu ne peux pas ne pas voir ton père cet été. Alors choisis une date et appelle-le. Ça nous évitera ce genre de situation.

Son d'un téléphone.

Ma mère en a deux : le pro qui fait « tutututututut » (classique, chiant) et le perso qui joue Radiohead (un groupe de vieux que les vieux adorent. Moins classique mais déprimant).

Là, c'est le pro.

LA MÈRE DE MORTEN

C'est le cabinet du ministre. Il va venir au lycée pour parler de la nouvelle réforme.

Comme si j'avais que ça à faire...

« Allô ?? Oui, un instant. »

MORTEN
Tu peux sortir ??
LA MÈRE DE MORTEN
Malika, à bientôt.
Morten, appelle ton père.

Elle ferme ENFIN la porte.
Victoire. Malika se relève et attrape sa veste en jean. Je la retiens, j'attrape son bras.

MORTEN
Je suis désolé.
Elle devait pas être là, je te jure.
Et je lui ai dit cent cinquante fois de frapper avant d'entrer.
MALIKA
Ça me stresse. Elle me stresse. Moi, je vois pas ta mère, je vois Mme Karlsson qui débarque comme elle veut !
MORTEN
Elle t'aime bien. Elle arrête pas de me dire que je dois profiter à fond de ma première histoire d'amour avec une fille.
MALIKA
Ta première ?
T'en veux d'autres ?
MORTEN
C'est elle qui dit ça. Moi, je sais que t'es la seule, l'amour de ma vie, la première et la dernière…

J'essaie d'attraper sa main. Elle m'échappe. Malika met sa veste. Sur la poche avant, un écusson avec un poing et l'inscription Girls Power juste en dessous.

MALIKA
Je rentre chez moi.
MORTEN
Attends…

Elle marque un temps et s'assoit au bout de mon lit.

MORTEN
Je sais pourquoi mon père m'appelle tous les jours. C'est pas pour l'Espagne, c'est parce qu'il veut me présenter à Fomb. Officiellement.
Mais j'ai pas envie. Je l'aime pas, cette femme.
Elle me fait tout le temps des sourires quand je la croise dans les couloirs. Ça m'agace. Du coup, je lui tire la gueule.
MALIKA
Je l'aime bien, moi. Elle est cool avec nous, c'est une bonne prof.
MORTEN
Elle a cent cinquante ans et ma mère est vachement plus belle qu'elle.
MALIKA
Tu l'aimes pas parce qu'elle est plus vieille que ton père ?

MORTEN

Il est en couple avec Mme FOMB. Tu réalises ?

Aka la reine d'Angleterre.

Aka j'ai cent ans.

Aka j'ai des rides tellement grosses qu'on dirait qu'un mec de chez Adidas a floqué le logo de la marque sur mon front !

Malika me regarde avec un air blasé en faisant rouler entre ses doigts le coin de la couette.

MALIKA

Tu délires.

MORTEN

Imagine ta mère avec… le gardien du lycée.

MALIKA

Non.

MORTEN

Tu trouves ça dégueu.

MALIKA

J'ai pas envie d'imaginer ça. T'es malade !

MORTEN

Elle s'appelle Dorothée.

Mon père me saoule avec ça. Dorothée et Oscar ! Comme dans *Le Magicien d'Oz*…

MALIKA

Question prénom, tu peux pas trop la ramener !

Elle rit. J'adore ça. J'adore quand on rit ensemble mais elle a beau se marrer, elle reste au bout du lit, sa veste toujours sur les épaules.

MORTEN
Va falloir que j'appelle mon père parce que, entre ça et le ministre, ma mère va être sur les nerfs et c'est jamais bon pour moi.
MALIKA
Il vient quand ce ministre ?
MORTEN
Dans quinze jours.
MALIKA
Tu sais quand exactement ?

MORTEN
Non. Pourquoi ?

Elle lève les yeux au ciel, mordille ses lèvres, plisse ses yeux et se glisse jusqu'à moi.

MALIKA
Notre action forte, c'est ce jour-là qu'il faut la mener.
MORTEN
« No kids but a future » ?
MALIKA
Oui, sur les murs du lycée, le jour où le ministre sera là. On aura toute la presse, ça fera le buzz.

MORTEN

Tu réalises que ma mère va me tuer si je fais ça ? Et que mon père va virer cinglé ? Déjà que quand j'ai piqué trois fraises Tagada à la boulangerie, il me voyait à Guantánamo…

MALIKA

On vole rien, là.

Et c'est l'occasion de parler de No Kids.

MORTEN

Même si je dis oui, on n'a pas ce qu'il faut. J'ai pas de quoi peindre sur les murs.

MALIKA

J'ai tout chez moi, la peinture, les rouleaux, les combis, les cagoules.

MORTEN

Les cagoules ? Rien que ça ?

MALIKA

… Je teaserai ça sur TikTok la veille, sur le compte No Kids.

Juste ma voix et un message mystère…

MORTEN

… Je vois le truc d'ici : on va se faire prendre, c'est obligé, ma mère va m'empêcher de sortir pendant quatre mois, me prendre mon téléphone et mon père va vouloir m'envoyer en camp chez les scouts. Tu sais que c'est son délire, ça ? Qu'il rêve de me voir me geler autour d'un feu de camp en chantant des chansons de merde tous les week-ends ?

Résultat : tu me croiseras avec un bermuda et des chaussettes montantes en laine H24 et par tous les temps.

Tu le regretteras parce que je vais perdre d'un coup 80 % de mon sex-appeal.

MALIKA

T'auras qu'à dire à ta mère que tu vis à fond ta première histoire d'amour !

Je viendrai tôt le matin. Très tôt, à 5 h 30.

MORTEN

Tu vas dire quoi à ta mère ?

MALIKA

La vérité ou presque.

Que je me lève pour une action No Kids.

MORTEN

Elle va pas te poser des questions ?

MALIKA

Si.

MORTEN

Et tu vas lui dire : « Maman, salut, bonne journée, je vais taguer les murs du lycée ! »

MALIKA

Je suis un peu plus maligne que ça... Mais je vais pas lui mentir pour autant.

Elle comprend, elle milite, elle sait ce que c'est.

Je laisse un silence parce que, chez moi, c'est pas la même, un père gendarme, une mère proviseure, ils militent pas tout à fait pour les mêmes choses. Ils militent plutôt pour que je range mon bordel, que j'obéisse et que je fasse pas de vagues.

MALIKA

… Alors, t'es partant ?

Elle donne dans les grands yeux, des yeux à fondre, des yeux auxquels je ne peux pas dire non.

MORTEN

OK.

Kylian pourrait nous aider à peindre. Il est super fort. Tu devrais le voir avec ses marionnettes, c'est un génie.

MALIKA

Je sais pas…

MORTEN

Ou il pourrait surveiller et nous prévenir si quelqu'un se pointe ?

MALIKA

Je préfère qu'on soit que tous les deux.

MORTEN

Il est fiable, on peut lui faire confiance. Il dira jamais rien.

MALIKA

Je le trouve bizarre.

MORTEN

Il est un peu sauvage, c'est tout.

MALIKA

Pas cette fois.

Elle m'embrasse. On roule sur le lit quelques secondes, et je le dis pas mais je le pense très fort, si on se fait prendre, j'aurai no future pour un moment.

1.

MALIKA

18:04
56%
Trouver du contenu ...
Rechercher
Demain,
No kids but a future.
Ouvrez bien vos yeux.
Demain,
No kids, more life
Un futur
pour la planète !
402
10
19
32
@NO_KIDS
#Ecologie#NoKids#Future
NK
Ajouter un commentaire...
@

MORTEN

Infirmerie du lycée

Morten et Kylian

MORTEN

C'est fait. On l'a fait. Ce matin, hyper tôt. Sans cagoule, trop la canicule.

À 8 heures, le ministre se pointait.

À 8 h 01, il voyait les murs tagués.

À 8 h 02, ma mère changeait de couleur.

À 8 h 05, Malika m'embrassait dans les couloirs.

Quand j'entre, l'infirmière n'est pas là mais je trouve Kylian assis, un sac en papier ouvert en grand sur les genoux.

KYLIAN

Salut.

MORTEN

Salut. Ça va ?

KYLIAN

Moyen.

Sa main tient le rebord du bureau. Strange.

KYLIAN

C'est vous ?

MORTEN

T'es malade ?

KYLIAN

C'est vous les tags devant le lycée ?

MORTEN

T'aimes bien ?

KYLIAN

Pourquoi tu m'as pas prévenu ? J'aurais pu vous aider.

MORTEN

Malika pensait que ce serait plus discret si on faisait ça que tous les deux.

KYLIAN

Tu sais d'où je viens. La peinture sur les murs, c'est pas ce qui me fait peur. T'as pas confiance ?

MORTEN

C'est pas ça mais…

KYLIAN

Malika et Morten, *the couple.*

Fais gaffe, tu pourras plus te décrocher d'elle bientôt.

T'oublie ton pote, c'est pas beau.

MORTEN

C'est pas ça.

… Je voulais que tu sois là, avec nous, mais Malika, c'est son truc, les actions militantes. Elle sait comment faire et elle pensait que c'était mieux qu'on soit que nous deux.

KYLIAN

J'ai pigé.

MORTEN

La prochaine fois ?

Il me regarde d'en haut sans bouger la tête, les yeux de côté.

MORTEN
C'est encore tes coups au cœur ?
KYLIAN
Si on veut.
Et toi, pourquoi t'es là ?
MORTEN
… J'ai mal au ventre.
KYLIAN
La flipette ?
MORTEN
Non.

L'infirmière entre. Elle porte comme toujours une robe longue très colorée et des bottes en cuir. À chaque fois que je la vois, j'ai l'impression qu'elle sort tout droit des années 70.

L'INFIRMIÈRE
Bonjour Morten.
MORTEN
Bonjour madame.
L'INFIRMIÈRE
Kylian, ça va mieux ?

Il ne répond pas mais à voir sa tête, c'est pas encore ça. Il se tient toujours au rebord de la table, son sac en papier fripé sur les genoux.

L'INFIRMIÈRE
Qu'est-ce qu'il se passe ?
MORTEN
J'ai mal au ventre.

Elle me montre du doigt la table d'auscultation derrière le paravent. Je m'allonge. Ce truc grince à peine tu le touches. C'était pas prévu, ça, et au moment où je défais la braguette de mon jean, je réalise que j'ai un caleçon Little Pony. L'infirmière commence son examen. Ses mains sont froides, elle a beau les frotter l'une contre l'autre, j'ai une impression de glacé sur les viscères. Elle fait rouler ses doigts sur mon estomac et sur mes intestins, puis jette un œil sur l'imprimé poney arc-en-ciel et étoiles bleues mais elle ne commente pas. Mes joues cramoisies lui font sans doute assez pitié.

L'INFIRMIÈRE
Ton ventre est un peu tendu.

À côté de nous, Kylian se prend une gamelle.

L'INFIRMIÈRE
Kylian, ça va ?
KYLIAN
Oui, c'est bon.

Mon téléphone vibre, je le sors comme je peux de ma poche. Message de Malika : « 500 vues. 104 likes. Trop contente. »

LA VIE SCOLAIRE – *message diffusé dans les enceintes du lycée*

« Celles ou ceux qui se sont rendus coupables de détérioration du patrimoine et qui ont peint sur les murs extérieurs du lycée ont la journée pour venir se dénoncer. »

Je bouge pas.
Je réagis pas.
Ça fait bizarre quand même.

L'INFIRMIÈRE
Prends ça.

Elle me tend une gélule. Je me relève, je me rhabille et je m'assois devant elle, à son bureau. J'avale mon médoc. Kylian se tient encore au bureau.

L'INFIRMIÈRE
Tu sais quelque chose sur cette histoire de tags ?
MORTEN
Non.

J'applique la tactique de Malika : « Quand tu mens, regarde encore plus les gens dans les yeux. » J'essaie mais je tiens pas longtemps. Je regarde pas non plus Kylian, trop peur de lâcher un indice. L'infirmière plonge la tête sous son bureau pour récupérer quelque chose. J'en profite pour piquer des bonbons empilés dans un bocal et qui sont à portée de main. J'en file un ou deux à Kylian.

L'INFIRMIÈRE
Tu veux rester un peu ?
MORTEN
Non, merci. Je vais y aller.

Je me lève et je pose une main sur l'épaule de mon ami.

KYLIAN
Me touche pas. Je dois pas bouger.

L'infirmière lui tend un verre d'eau et disparaît derrière le paravent. C'est à ce moment-là que je réalise que le truc est quand même super transparent. Rapport à mon caleçon Little Pony.

MORTEN
Je te prends les cours ?

Kylian lève le pouce. Je m'approche de son oreille.

MORTEN
Et je te promets, la prochaine fois que je fais un truc de fou, tu viens avec moi.

KYLIAN
Infirmerie

KYLIAN

Morten, c'est un frère pour moi.

C'est étrange d'avoir un frère et que ce soit pas vraiment son frère.

En vérité, on n'a rien en commun.

On n'habite pas au même endroit, on traîne pas avec les mêmes gens, on n'écoute pas la même musique, on n'a pas la même vie, c'est juste que depuis le début, depuis la maternelle, on est ensemble, et que je veille sur lui et lui sur moi.

On n'aurait peut-être pas les mêmes mots pour en parler, mais c'est comme ça que je dirais qu'on est frères.

Je m'appelle Kylian Bâtard.

C'est mon nom. Mon vrai nom. Ça s'invente pas.

Mon père a jamais voulu en changer, il dit qu'on doit pas en avoir honte, que c'est l'histoire de toute sa famille, que les Bâtard ont toujours été des gens fiers et que ça devra jamais changer. Mon père et mon grand-père étaient ouvriers dans une usine de matelas. La même usine : les mêmes ressorts, les mêmes machines.

Je dis « étaient » parce qu'ils sont morts tous les deux.

Je vis avec ma mère. Elle est comme moi, elle en a plein le sang du chagrin mais je la vois jamais. Elle bosse tout le temps. Elle enchaîne les heures au bureau. On dirait qu'elle a envie de crever la tête la première sur son clavier à force d'empiler les chiffres dans son cabinet de comptable et quand c'est pas ça, elle colorie. Comme les gosses, elle a sa boîte de crayons de couleur.

Le reste du temps, elle zone devant la télé. Elle compte tout : les bonnes, les mauvaises nouvelles, le nombre de pubs.

Elle compte et elle commente tout ce qui passe à l'écran.

Parce que ce qu'il y a autour d'elle, on dirait qu'elle le voit pas.

MORTEN

Chambre de Morten

Malika, Morten

Je dors à moitié quand Malika arrive. Ça me réussit pas de me lever aussi tôt. Elle, si. Elle entre, et en une seconde, elle se jette sur moi. La fenêtre est grande ouverte. On entend tous les bruits de la cour : les cris, les discussions, les éclats de voix. On crève de chaud aujourd'hui et pas un brin d'air.

MALIKA
T'as vu ?
Tout le monde en parle !
12 partages !
Et 250 likes sur TikTok !

MORTEN
T'as entendu le message de la vie sco ?

MALIKA
J'ai failli aller me dénoncer.
C'est juste parce que c'est ta mère que j'y suis pas allée.

MORTEN
T'as pas compris qu'on risque gros ?

MALIKA
C'est de la peinture à l'eau. Un coup de savon et c'est fini.

MORTEN
Tu flippes pas du tout ?

MALIKA
Si. Mais c'est excitant aussi.

Le bruit de la cour grandit et puis s'arrête net. Le ministre déroule un discours sous le préau. Sa voix se perd. Je frotte mes yeux, j'ai envie de dormir. Je suis pas sûr d'être fait pour les actions militantes, en tout cas celles qui se font à 5 h 30 du matin.

MALIKA
Tu veux un café ?
MORTEN
Oh oui !
MALIKA
Ferme les yeux.
MORTEN
Tu prends des risques. Je peux m'endormir direct.

Elle sort un instant. J'entends toujours la voix du ministre résonner dans la cour. Malika entre à nouveau dans ma chambre avec, entre ses mains, un gobelet chaud rempli de café qu'elle glisse entre mes doigts.

MALIKA
Café de la nouvelle machine du foyer.

Elle pose ses lèvres sur les miennes. Le ministre termine son discours. Applaudissements.

MALIKA
On l'a fait.
MORTEN
On l'a fait.
MALIKA
T'as plus mal au ventre ?
MORTEN
Non.
MALIKA
C'était chouette de faire ça avec toi.
MORTEN
C'était chaud !... La voiture de flics... ils étaient tout près quand on s'est cachés derrière le kiosque ! Je stressais, et toi tu restais super calme...

Je bois une ou deux gorgées chaudes de café et je la regarde, solennel.

MORTEN
En fait, t'es pas ma copine, t'es un agent du FBI.
Sérieux, t'as appris ça où ? À tenir tes nerfs comme ça ?
MALIKA
Je te l'ai dit : avec ma mère, dans son asso de protection des migrants. On est tous formés pour des actions militantes. On nous apprend les bonnes réactions à avoir pendant les manifs et devant la police : tu souris, toujours, et si ça dégénère, tu te couches ou tu te retournes ou tu cours.

MORTEN
Moi, je…
MALIKA
Toi, tu cours.
MORTEN
Tu connais pas mes parents.
MALIKA
Un peu quand même.
MORTEN
Si je me faisais arrêter pendant une manif, ils me laisseraient en garde à vue, juste pour que je comprenne bien ma douleur et que je retienne la leçon. Toi, ta mère serait avec toi dans la cellule !

Elle sourit.
Je bois mon café gorgée par gorgée.

MORTEN
Kylian a tout de suite su que c'était nous.
Il aurait voulu venir.
Ce serait bien qu'il soit là la prochaine fois.

Elle regarde son écran et me montre l'envolée des likes sur ses comptes TikTok et Insta.

MORTEN
C'est mon pote depuis toujours. Il est cool.
Faut le connaître, c'est tout.

L'écran vibre à chaque notification qu'elle reçoit. Et il vibre beaucoup. Malika saute littéralement de joie. Dans la cour, le ministre et son équipe sont sur le départ. Ça s'entend au mouvement de foule des journalistes.

MORTEN
Il pourrait nous aider à coller des affiches en ville ?
MALIKA
On verra.

Je prends sa main. Sa main, c'est sa paume contre la mienne, sa chaleur contre la mienne.

LA VIE SCOLAIRE
« Merci aux éco-ambassadeurs de se regrouper dans la cour principale pour la présentation de la Fresque du climat. Nous rappelons à celles et ceux qui ont dégradé les murs et la porte du lycée qu'ils ont encore une demi-journée pour se dénoncer. »
MORTEN
Elle va rien lâcher…

C'est comme si les mots glissaient sur Malika. Elle écoute d'une oreille et checke ses réseaux. Moi, j'imagine la tête de ma mère quand elle saura que c'est moi, son front qui va se froncer, ses paupières qui vont se soulever et sa voix qui va monter en décibels et moi qui vais me prendre l'engueulade de ma vie.

MALIKA

Regarde ! Tweet du journal du coin. « Une inscription mystérieuse attendait le ministre en visite à Paul Éluard. » On parle de No Kids partout. C'est le buzz.

MORTEN

Je t'ai déjà dit comme t'es belle ?

MALIKA

…

MORTEN

T'es belle.

MALIKA

T'entends ce que je te dis ? On a réussi !

MORTEN

À fond.

MALIKA

Ta première action militante sur le terrain.

MORTEN

Ma première avec toi !

MALIKA

T'as fait quoi avant ?

MORTEN

J'ai… sauvé un chat coincé dans un arbre…

Sourires en coin. Je sais, c'est rien par rapport à ce qu'elle a déjà fait.

J'enroule mes doigts autour de sa mèche qui tombe de son front. Elle remue la tête et ça secoue ses énormes boucles d'oreilles. Un œil à l'horloge au mur.

MORTEN

On a une heure avant le début des cours...

Peut-être qu'on pourrait...

MALIKA

Regarder la fin de *Stranger Things* ?

MORTEN

Non... On pourrait... une dernière fois avant que ma mère s'aperçoive que c'est moi qui ai tagué les murs et qu'elle m'envoie chez les scouts...

MALIKA

Pas ici.

MORTEN

Ma mère est avec le ministre...

MALIKA

Même.

MORTEN

Bon... *Stranger Things* alors ?

MALIKA

Oui.

Et 3 likes de plus ! Green Teens va adorer.

Je traverse la chambre pour récupérer ma tablette, planquée quelque part sur mon étagère. Je trébuche contre un tas de fringues et je manque de tomber face contre terre mais Malika s'en fout. Elle a même pas remarqué. Elle scrolle.

MALIKA

Je leur envoie ? Avec ça, c'est sûr, ils vont nous inviter !

J'acquiesce.

MALIKA
C'est fait.

Je trouve la tablette. Je souffle dessus. Trop de poussière et de traces de doigts.

MALIKA
… Ça fait huit mois et demi aujourd'hui, toi et moi.
MORTEN
J'ai triplé mon record.
MALIKA
T'avais oublié ?
MORTEN
J'oublie pas un seul jour.

Je la prends dans mes bras.

MORTEN
Joyeux anniversaire de huit mois et demi.

On s'embrasse et on se cale sur le lit, devant la tablette, la fenêtre toujours ouverte.

Le vent souffle doucement sur nos visages. Stranger Things *commence.*

J'ai envie d'elle.

HISTOIRE DE LA RENCONTRE DE MALIKA ET MORTEN

MORTEN

Je l'ai repérée le jour de la rentrée, quand on se pressait devant la grille parce que ça venait de sonner. Elle a défendu une fille qu'un mec avait poussée sans s'excuser, une fille qu'elle connaissait pas. Ça m'a tout de suite plu. Ça et son visage et sa bouche et ses yeux. Je connais personne qui ait la couleur de ses yeux, un mélange de bleu et de vert.

J'ai passé plusieurs jours à l'observer, à me caler sur son emploi du temps. Je savais où me placer pour tomber sur elle au moins une fois par jour, et qu'elle pense que ce soit le hasard. Je la regardais, de loin, je lui souriais, de loin et puis enfin, un jour, pour de vrai, je me suis lancé.

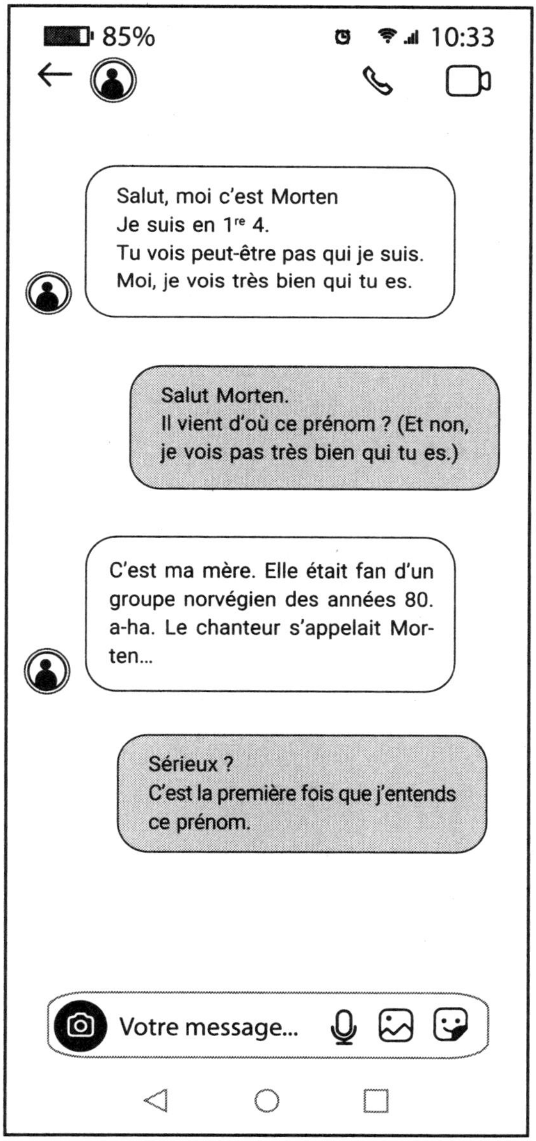
85%
10:33
Salut, moi c'est Morten
Je suis en 1re 4.
Tu vois peut-être pas qui je suis.
Moi, je vois très bien qui tu es.
Salut Morten.
Il vient d'où ce prénom ? (Et non, je vois pas très bien qui tu es.)
C'est ma mère. Elle était fan d'un groupe norvégien des années 80. a-ha. Le chanteur s'appelait Morten…
Sérieux ?
C'est la première fois que j'entends ce prénom.
Votre message…

MALIKA

Je suis nouvelle dans ce lycée. Je viens juste d'arriver. Avant, j'habitais à Marseille, mais ma mère a changé de travail et on a déménagé ici. Retour aux sources pour elle, comme elle dit. Elle a grandi dans cette ville.

Ce garçon qui m'écrit m'intrigue, je regarde dans la cour tous ceux de 1re 4, et je finis par voir très clairement qui il est. Taille moyenne, les cheveux bruns, mi-longs, une peau bronzée, très loin du modèle norvégien. Je le croise de plus ou moins près mais on se croise souvent, j'aime bien qu'il ne parle pas trop fort, qu'il ne hurle pas comme certains. J'observe des détails le concernant : il porte des baskets, pas toujours les mêmes, il a un sweat à capuche, jamais de veste, il change de casquette très souvent et il est toujours avec un autre garçon.

64%
15:27
J'aime bien Morten comme pré-nom. C'est original.
Ça, c'est sûr. C'est le seul avantage que j'ai à m'appeler comme ça.
Ça te rend unique.
Malika, ça veut dire quoi ?
« Reine ».
Rien que ça !
Votre message...

KYLIAN

Moi, je lui dis d'attendre.

Des fois, on tombe raide de quelqu'un et dès qu'il ouvre la bouche, on sait qu'il a pas trois neurones de connectés et que ça pourra pas le faire.

MALIKA

On s'écrit, on se parle de plus en plus. On passe de « salut » à des conversations plus longues. Kylian (l'autre garçon) est souvent là mais il part dès que j'arrive. Genre sauvage.

Morten est différent, plus doux, le genre qui rougit quand je lui dis qu'il a une trace de chocolat sur la joue.

MORTEN

Kylian dit que je suis en train de tomber amoureux *fou.* Il insiste sur l'adjectif.

Si la folie, c'est de penser tout le temps à la même personne, de sentir qu'on prend vingt degrés intérieurs rien qu'à imaginer son visage, alors c'est ça.

Pourvu qu'elle aussi, elle ressente ça, qu'elle devienne folle. Folle de moi.

J'essaye de lire les signes : un sourire, un regard, un mot.

Je sais pas trop.

42%
19:57
Je t'ai regardé dans ta blouse en SVT depuis la salle de perm Tu ressembles pas à un Norvégien
Je suis norvégien juste de prénom.
T'es mignon ☺.
Toi, t'es carrément belle.
Votre message...

MALIKA

Il me sourit beaucoup et parfois, il dit rien. Je sais pas si c'est parce qu'il sait pas quoi me dire ou parce qu'il est gêné. Il m'attend souvent (on dirait qu'il m'attend) à la pause de midi quand je sors du foyer.

KYLIAN

Morten m'a montré ses posts. La fille est smart. Elle a l'air aussi d'avoir une sacrée grande gueule.

MORTEN

J'essaie de trouver quelque chose à lui dire pour me rapprocher encore plus d'elle.

Je voudrais l'inviter mais je sais pas où, ni comment. Je sais pas encore vraiment ce qu'elle aime hormis s'engager. J'ai regardé, elle est dans des tas de clubs, le club des solidarités, le club LGBTQ+ et elle poste des vidéos sur No Kids, un mouvement qui milite pour que ma génération ait pas d'enfants.

Moi, je suis nulle part, dans aucun club, c'est pas que j'ai pas mes propres idées, mais je préfère aller jouer à la Switch entre midi et deux.

KYLIAN

Grande gueule, du genre qui impressionne.

Ça tranche net avec moi qui rêve que d'une chose : qu'on me foute la paix.

MORTEN

J'attends ses messages et nos rencontres, j'attends que ça quand je descends en cours.

MALIKA

J'attends ses messages et nos rencontres, j'attends que ça quand j'arrive au lycée.

MORTEN

J'ai lu tout ce que je pouvais sur No Kids.

Je suis au point. Les arguments, les pour, les contre, la protection de la planète.

Je l'invite ?

KYLIAN

Pitié, oui.

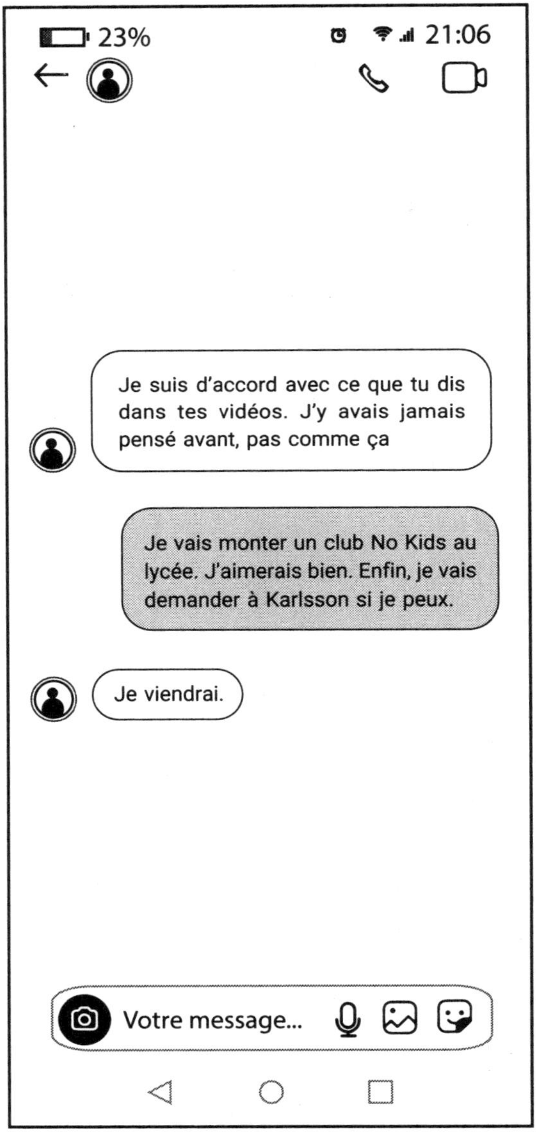
23%
21:06
Je suis d'accord avec ce que tu dis dans tes vidéos. J'y avais jamais pensé avant, pas comme ça
Je vais monter un club No Kids au lycée. J'aimerais bien. Enfin, je vais demander à Karlsson si je peux.
Je viendrai.
Votre message...

MORTEN

Elle m'a donné un fanzine sur No Kids que j'ai lu du début à la fin, plusieurs fois.

Je vais me lancer. Je suis au point.

Et puis, elle m'a dit qu'elle me trouvait mignon.

C'est suffisant comme signe ? Elle va pas me tèj…

Et si ?

Et si je lui plaisais pas ?

KYLIAN

Va la voir.

C'est plus possible de t'entendre parler d'elle H24.

78%
12:17
Ça te dirait qu'on se voie juste nous ?
Mais pas pendant les cours.
Oui…
T'habites où ?
Ici.
Quoi ici ?
Pas loin de l'infirmerie.
ALORS C'EST VRAI, T'ES LE FILS DE KARLSSON ???????
Votre message…

CARNET DE RAFFIA ELKAÏM

Mars 1970

J'ai vingt et un ans. Mon père pense à me marier. « C'est le moment où jamais », voilà ce qu'il a dit hier, juste après que j'ai soufflé mes bougies.

Jamais.

Jamais je ne me plierai à ça.

Je ne lui dis pas mais c'est ce que je pense, jamais je ne me marierai avec un homme que je n'aime pas et que je ne connais pas, et peu importe l'honneur de la famille. C'est mon honneur à moi que je veux garder.

[...]

Depuis quelques mois je milite au MLF[1]*. J'y vais dès que je peux. Les filles tiennent une permanence tous les soirs pour accueillir des femmes en détresse. On discute beaucoup, on discute de tous les sujets interdits chez moi. Mes parents ne savent rien de tout cela, ils seraient horrifiés d'apprendre que j'ai ce genre de rencontres. On attend de moi que je sois bien sage et que je me prépare à être une bonne épouse, comme ma mère. (Ma mère qui a le regard le plus triste de tous ceux que j'ai croisés.) Mais la surprise, c'est que je ne compte ni être sage ni être une bonne épouse.*

Aujourd'hui, à l'antenne du MLF, on a eu la visite de Gisèle Halimi, une avocate célèbre. Elle m'a tout de suite plu. La plupart des filles l'ont trouvée trop bourgeoise

1. MLF : Mouvement de libération des femmes.

et pas assez révolutionnaire, mais moi, elle m'a plu. À la fin de son intervention, je me suis approchée d'elle et je me suis présentée. Le courant est tout de suite passé entre nous. Peut-être parce qu'on est toutes les deux nées en Tunisie ? On a parlé longtemps. J'ai rendez-vous avec elle bientôt. Elle a dit qu'elle m'inviterait dans son appartement. J'ai hâte.

KYLIAN

Infirmerie

Kylian, l'infirmière

J'entre, la main sur la poitrine. Je me laisse tomber sur la chaise devant son bureau. L'impression d'être une larve de trois cents kilos.

KYLIAN

C'est revenu.

C'est comme ça, maintenant.

Je suis tranquille et en une seconde, ça se met à tourner.

J'ai le vertige.

L'INFIRMIÈRE

OK.

Respire. Un, deux, trois, tu te souviens ? Tu inspires et tu expires le même nombre de secondes.

KYLIAN

J'y arrive pas.

Échec total. Je stresse de ouf, je respire comme un vieux avec de l'asthme. Faut que je trouve la bonne position, celle où ça tourne pas. Y en a une mais elle change à chaque fois. Je tourne la tête des deux côtés, ça s'accélère. Tête légèrement inclinée à droite… C'est bon : je bouge plus.

L'INFIRMIÈRE

Ça a commencé quand ?

KYLIAN
En cours de SVT, y a un quart d'heure.
L'INFIRMIÈRE
On t'a dit quelque chose de particulier ?
Il parlait de quoi, ton cours ?
KYLIAN
De trucs chiants… de volcans qui se réveillent…

Elle me fixe et ses yeux se plissent. Quand elle fait ça, c'est qu'elle prépare une question à la Jedi. Je finis par bien la connaître. Avec ses bottes de cuir, on dirait la princesse Leia sur la planète D'Qar quand c'est elle, la chef de la résistance.

L'INFIRMIÈRE
… Et ça représente quoi pour toi les volcans ?

Qu'est-ce que je disais… L'effet Jedi. La question chelou que seul Yoda peut te poser. Elle se lève et pousse des dossiers sur son bureau pour avoir la place de s'asseoir et elle s'installe face à moi.

KYLIAN
…
L'INFIRMIÈRE
Ne réfléchis pas trop.

J'ose pas lui dire ce qui me vient, là, tout de suite, c'est que le volcan, c'est le feu qui détruit tout, qui défonce tout, qui crame tout, qui laisse rien sur son passage.

KYLIAN
Je sais pas.
L'Auvergne ?
L'INFIRMIÈRE
Comment ça se passe chez toi ?
KYLIAN
Ça va.

Un paquet de feuilles mal rangées tombe par terre et s'étale sur le sol. Elle le ramasse pas, elle garde ses yeux fixés sur moi.

L'INFIRMIÈRE
Ta mère ? Ça va ?
KYLIAN
Elle bosse tout le temps.
L'INFIRMIÈRE
Vous vous parlez un peu ?
KYLIAN
Je la vois jamais.
L'INFIRMIÈRE
Et comment tu vis ça ?

Sa question me tape dans le cœur comme si quelqu'un m'enfonçait un pieu. J'essaie de trouver un peu d'air. Je fixe son taille-crayon sur le bureau, ça m'aide, ça me stabilise.

L'INFIRMIÈRE
Serre ma main si tu veux.
Ça va aller.

KYLIAN

Ça va aller que dalle, madame.

Je sais jamais où ça va s'arrêter.

Et si ça s'arrêtait pas ? Si je tombais raide mort ?

Si je mourais ?

L'INFIRMIÈRE

Regarde-moi.

Tu ne vas pas mourir, je suis là.

Je sais comment t'accompagner. Fais-moi confiance.

ÇA VA PAS-SER.

Ça passe jusqu'au jour où ça passe plus.

C'est ça que disait mon père quand ma mère lui répétait qu'il allait guérir de tous ces trucs aux poumons.

Ça passe et ça passe plus.

Cela dit, il se rallumait une clope. Il a toujours aimé fumer, il a jamais pu s'arrêter.

L'INFIRMIÈRE

Tu veux aller dans la salle de repos ?

KYLIAN

Oui.

La salle de repos, c'est mon refuge.

C'est elle qui me l'a proposé, un espace pour moi, parce que chez moi, y a toujours du bruit, toujours la télé, toujours des voix.

L'INFIRMIÈRE

Je sais que tu peux pas l'entendre maintenant, mais écoute-moi : t'es pas tout seul, Kylian, tu viens de perdre ton père et tu te sens mal, c'est normal, mais je suis là, ta mère est là et tes amis sont là.

Elle attend une seconde avant d'aller ouvrir à un autre élève qui a besoin de son aide.

Elle bute contre les feuilles tombées au sol, les ramasse.

Je trace mais en mode gastéropode, en me tenant quand même au mur, par sécurité.

KYLIAN

La salle de repos

KYLIAN

Elle se plante.

Ma mère est pas là. Ma mère, elle bosse tout le temps.

Elle parle jamais de toi, papa. On parle jamais de toi.

Je lui dis rien de comment je me sens.

Et pour mes amis, c'est pareil.

Je peux pas leur dire : « Des fois, j'ai l'impression de devenir fou parce que j'ai des vertiges qui me mettent par terre et qui me font flipper… Et tu sais ce que c'est, un des trucs que j'ai trouvés pour m'en sortir ? Celui qui marche le mieux ? C'est de parler à mon père qu'est mort, c'est de parler à un fantôme. »

Je peux pas leur dire.

Je les aime bien, ils m'aiment bien.

Mais ils aiment l'ancien Kylian, pas moi.

Je sors ma marionnette de mon Eastpak. Sa tête désarticulée pend entre mes mains.

C'est mon père qui me l'a achetée, il y a deux ans, sur un marché.

Je l'ai jamais quittée depuis, pas une seule journée.

CARNET DE RAFFIA

Décembre 1970

Je reviens du Planning[1]*. On a encore reçu aujourd'hui deux jeunes filles qui sont enceintes de quelques semaines et qui veulent se faire avorter. L'une d'elles s'appelle Dany. Elle a dix-huit ans. Son petit copain lui a dit qu'elle ne pourrait pas tomber enceinte parce que c'était la première fois qu'elle faisait l'amour et que c'est évident, on ne tombe jamais enceinte la première fois où on fait l'amour. Le petit copain en question s'est fait la malle et ne veut plus la voir, évidemment.*

Comme pour les autres filles, on lui a proposé de prendre le bus pour Londres pour « le faire passer ». C'est la solution la moins pire, la moins dangereuse vu qu'ici, tout est interdit et que ça peut vous mener tout droit en prison, un avortement.

Avec Gisèle, on est toujours aussi désespérées de voir comment les femmes sont traitées. Elle pense que la loi doit changer et vite, qu'un million de femmes qui se fait avorter chaque année avec une bonne partie qui en meurt ou qui a des séquelles à vie, c'est plus possible.

Je suis très contente d'être amie avec Gisèle, on n'est pas de la même génération mais on se comprend tellement ! Et puis c'est une femme accessible, sincère, généreuse et elle est toujours de bon conseil pour moi.

1. Mouvement français pour le Planning familial, centres illégaux qui conseillaient et prenaient en charge des femmes qui souhaitaient avorter.

[...]

Mon père a enfin accepté que je revienne déjeuner un dimanche à la maison. Ma mère l'a convaincu d'arrêter d'essayer de me marier à tous les « fils de » qu'il connaît.

Une grande victoire pour moi. Je l'ai rassuré : je serai quelqu'un de bien, mais pas avec ce qu'il avait prévu pour moi.

Note pour plus tard : si j'ai des enfants (on ne sait jamais) : ne jamais leur imposer un destin, les laisser vivre.

MALIKA

Chambre de Morten

Malika, Morten

Morten est à son bureau, il joue à la console, casque sur les oreilles. Je m'approche et je pose une main sur son épaule. Il sursaute. Il ôte son casque, éteint sa console.

MALIKA
Elle sait…
MORTEN
Qui sait quoi ?
MALIKA
Ta mère.
Elle m'a demandé si c'était moi. J'ai dit oui.
Flippe pas. J'ai pas dit qu'on était tous les deux.
MORTEN
Mais quand ? Quand est-ce qu'elle t'a demandé ça ?

Je vois à ses yeux qu'il commence à paniquer. Il les ferme et il les ouvre à toute vitesse comme un papillon qui aurait pris de l'acide.

MALIKA
Tout à l'heure, avant les cours.
MORTEN
Comment elle a su ?

MALIKA
Je sais pas mais elle m'a demandé et j'ai pas nié.
MORTEN
Si elle sait que c'est toi, elle sait que c'est moi.

Il s'allonge sur son lit, il se laisse tomber de tout son long sur la couette.

MORTEN
C'est quoi le verdict ?
MALIKA
Je suis collée trois samedis de suite, je dois vingt heures d'intérêt général au lycée, et mes parents vont être convoqués. Je dois aussi aller m'excuser auprès du gardien qui a nettoyé les murs.
MORTEN
T'es pas en stress ?
MALIKA
Non. J'ai déjà tout dit à ma mère.
MORTEN
Et elle a rien dit ?
MALIKA
Si, je me suis fait engueuler, elle m'a dit que dégrader l'espace public, c'était une très mauvaise idée… mais je suis soulagée que tout le monde sache.
Comme ça, je peux parler librement de No Kids.

Il se relève, se rassoit. Il a cet épi qui ne se remet jamais en place sur le haut de son crâne et qui danse sur sa tête à chacun de ses mouvements. J'ouvre la fenêtre. La chaleur est toujours aussi écrasante.

MORTEN
Je vais pas te laisser prendre toute seule.
Je vais me dénoncer.
Je lui dirai que j'étais avec toi.
MALIKA
T'es pas obligé.
MORTEN
Si.

Il vient vers moi. On se serre l'un contre l'autre. Nos deux corps rapprochés oscillent.

MALIKA
On l'a fait.
5 000 vues et 300 likes !
Si on faisait un live No Kids ?
MORTEN
Je sais pas… Je voudrais le dire à ma mère avant.
MALIKA
Elle a TikTok ?
MORTEN
Tu rigoles. Elle a déjà pas Facebook !
MALIKA
Tu risques rien alors.

Je ferme les rideaux, j'allume le panneau led et je pose mon iPhone sur le bureau. Tout est en place. On est dans le cadre. Je vérifie mes cheveux et les siens (son épi).

Je me recoiffe vite fait. Je ne mets pas de filtre. Je ne mets jamais de filtre. Je pourrais, je serais plus belle, mais je veux pas. C'est pas toujours facile à assumer mais je tiens. Morten me répète que je suis belle alors je tiens.

MORTEN ET MALIKA / GROS PLAN

Je poste la vidéo, j'ouvre les rideaux, Morten éteint le panneau led.

Je sors de mon sac un album photo. Les images ont jauni tellement elles sont vieilles. C'est en fouillant l'autre jour chez moi que j'ai trouvé ça, des albums qui appartenaient à ma grand-mère. C'est super de pouvoir mettre des visages sur les gens dont elle parle dans ses carnets. Je déroule à Morten ce que je sais de mon histoire familiale.

MALIKA

Elle, c'est ma grand-mère : Raffia Elkaïm. Et mon grand-père : Mahmoud Elkaïm. Il est mort quand ma mère avait cinq ans. Elle ne l'a pas beaucoup connu.

MORTEN

Elle est belle ta grand-mère, tu lui ressembles.

MALIKA

Elle me manque…

Elle m'a donné tous ses carnets à sa mort, je suis en train de les lire.

J'apprends tellement de choses sur elle et sur ce qu'elle a vécu.

Je passe d'une page à l'autre, d'un visage à l'autre.

MALIKA

Regarde, là, ils sont en Espagne, à Madrid.

MORTEN

J'y vais cet été. J'ai dit oui à mon père mais pour une semaine, pas pour trois.

MALIKA

Avec Dorothée ?

T'étais presque souriant avec elle hier.

MORTEN

« Presque ».

Je fais comme tu fais pendant les manifs devant la police.

Je souris, en façade.

MALIKA

Ça marche.

J'y ai cru.

Je lui pointe du doigt une succession de photos. Un rayon de soleil plus puissant que les autres vient éclairer la pièce.

MALIKA

… Là, c'est ma tante et là, c'est encore ma grand-mère mais beaucoup plus jeune. Et la femme, juste à côté d'elle, c'est Gisèle Halimi, une de ses meilleures amies. Elles se sont connues à Paris.

À treize ans, Gisèle Halimi a fait une grève de la faim parce qu'on l'obligeait à faire le lit de son frère tous les matins. « T'es une fille, tu obéis, ton frère joue aux petites voitures, il peut pas tout faire. » Elle a pas mangé pendant trois jours ! Ses parents ont lâché et ça a été son premier acte de militante. Elle a défendu les femmes toute sa vie ensuite pour qu'elles aient le droit d'avorter et de vivre libres.

MORTEN

Treize ans, grève de la faim. Respect.

Je sais pas si je pourrais tenir une journée sans manger, mais je devrais peut-être faire ça pour que ma mère me laisse jouer plus souvent à la Play…

MALIKA

C'est un vrai combat, le sien…

MORTEN

Et ça, c'est qui ?

MALIKA

Ma mère dans les bras de ma grand-mère, dans une manif.

MORTEN

Toute la famille fait des manifs.

MALIKA

… On en fera peut-être une pour No Kids ?

Il quitte des yeux l'album photo et tourne la tête vers moi. Ses cils se mettent à nouveau à battre en mode papillon sous acide.

MORTEN

Qu'est-ce qu'elle t'a dit d'autre ma mère ?

MALIKA

Que la faim ne justifie pas les moyens.

MORTEN

Elle adore les expressions comme ça.

MALIKA

… et que c'était mieux si je partais vite de son bureau.

MORTEN

Je vais prendre pour deux.

Génial. Ça va être stratosphérique.

MALIKA
T'es mon héros.
On danse ?
MORTEN
On s'embrasse ?
MALIKA
On s'embrasse et on danse ?

MORTEN
Chambre de Morten
Morten, Malika

MALIKA
Dis Siri, joue-nous Harry Styles, « As It Was ».

La musique démarre. Malika me tire par la manche pour que je me lève. J'enjambe l'album photo. Elle enfouit son visage dans mon cou. Ma casquette lui chatouille le front. Elle l'éjecte de ma tête. Je lui mordille le lobe d'oreille. Elle enlève ses boucles.

MALIKA
Allez, danse !
MORTEN
Je suis pas comme toi, j'aime pas trop.
MALIKA
Tu lâches tout quand tu danses.
T'entends la batterie ? Ça me rend dingue.

Elle remue dans tous les sens. Elle traverse la chambre d'un bout à l'autre en sautant sur la pointe des pieds, ses bras dessinent de grands ronds. Elle m'entraîne, je danse avec elle, collé à elle, je commence même à bander un peu.

MALIKA
Tu préfères « Take On Me »[1] ?

---

1. Tube du groupe a-ha dont le chanteur s'appelle Morten Harket.

MORTEN

… Naaaannnnn.

MALIKA

J'ai regardé sur Wikipédia.

T'as eu de la chance en fait ? Les deux autres du groupe, ils avaient des prénoms encore plus pourris !

Magma ou Pal, un truc dans le genre.

T'imagines ?

Magma, à table !

Pal, embrasse-moi…

Elle me tend ses lèvres, je l'embrasse. On danse toujours. Discrètement, je fixe la porte, aux aguets si jamais ma mère débarque.

Et puis d'un coup net, Malika plie son corps en deux.

MALIKA

Aïe…

Elle relève la tête en grimaçant.

MORTEN

Ça va pas ?

MALIKA

Une crampe au ventre. Ça n'arrête pas depuis ce matin.

MORTEN

T'es malade ?

MALIKA

Non, c'est plutôt comme quand j'ai mes règles… sauf que je les ai pas.

Je sais plus quand je les ai eues la dernière fois…

MORTEN

Quand on est allés au ciné avec Kylian. T'avais dû sortir de la salle, tu te souviens ?

MALIKA

C'est bizarre… J'ai du retard.

Je vais sûrement les avoir aujourd'hui.

Je coupe la musique. Malika s'assoit sur le rebord de mon lit, les mains posées sur le ventre.

MORTEN

Allonge-toi.

MALIKA

Je dois y aller. J'ai un DS de physique. Faut que je révise.

Elle se lève, le visage toujours grimaçant.

MORTEN

Mais ça va aller ?

MALIKA

Oui.

MORTEN

Je vais danser sans toi.

MALIKA

Tu le feras jamais…

Elle m'embrasse et sort.

Je me cale à mon bureau. Je pousse tout ce qu'il y a dessus, je pousse tout contre le mur : mes casquettes, mes paquets de chips vides, mes magazines de gamer. À la place, j'étale des feuilles de cours. Je fais place nette au cas où ma mère débarquerait comme elle adore faire : sans prévenir. Et puis j'écris Kylian.

T'es où ?

En cours.

Tu mates ton portable en cours, toi ?

La question, c'est qui le fait pas ?
T'es pas avec ta meuf ?

Elle révise.

Ma mère sait que c'est Malika pour
No Kids (et donc que c'est moi).
Je te dis adieu.

Tu me lègues ta PS ?

Si t'es sage.

Le prof se pointe.

J'attends encore un moment devant mes feuilles de cours. Que j'aie l'air de bosser si ma mère passe la porte de ma chambre.

Malika a oublié ses boucles d'oreilles. Je les vois briller avec les rayons du soleil sur ma table de nuit… Les règles, c'est un autre monde pour moi, savoir que tous les mois, les filles perdent du sang. C'est… ça doit être super chiant et douloureux. Moi, j'aurais l'impression de prendre des coups dans le corps toute la journée. Un ball-trap dans le ventre qui te fait saigner et qui s'arrête jamais.

MORTEN
Dis Siri, ça marche comment les règles des filles ?
SIRI
« Les règles sont un phénomène naturel que chaque femme connaît. On appelle "règles" les écoulements sanguins que les femmes vivent chaque mois pour une durée allant de trois à sept jours. »
MORTEN
Dis Siri, les règles, ça revient tous les combien de temps ?
SIRI
« Cela dépend des femmes mais le cycle le plus régulier est de vingt-huit jours. Il peut aussi être plus court ou plus long. »
MORTEN
Dis Siri, si une fille a du retard dans ses règles, ça veut dire quoi ?
SIRI
« Ce peut être le premier signe d'une grossesse. »

Le stylo m'échappe des mains.

SIRI

« Mais d'autres raisons peuvent expliquer cela : le stress, la chaleur. »

MORTEN

C'est la canicule en ce moment.

Obligé, c'est ça.

Dis Siri, joue « As It Was » de Harry Styles.

Je me lève, je tends les bras, je fais des ronds, je bombe le torse, je me tords, j'essaie d'avoir la classe.

Et puis je me rassois. Le ciné, c'était il y a plus d'un mois. Largement.

MORTEN

Et si c'était pas la chaleur ?

CARNET DE RAFFIA

Janvier 1971

Mercredi, Dany a appelé le Planning, en larmes.

Elle n'a pas attendu le prochain voyage pour Londres que le Planning organise parce qu'elle a eu peur que sa mère ne s'aperçoive qu'elle était enceinte. (On lui a dit que parfois les femmes enceintes attrapaient des cheveux blancs, elle l'a cru et comme elle en a vu deux ou trois sur sa tête, elle a contacté la « faiseuse d'anges » qu'on lui avait conseillée.)

Elle a appelé au Planning vers 16 heures. On est parties en courant boulevard Raspail à l'adresse qu'elle nous a donnée. C'était une chambre de bonne sous les toits, au huitième étage. Quand je suis entrée, je l'ai vue par terre et il y avait du sang partout. Elle a dit qu'une femme l'avait avortée la veille pour trois cents francs avec deux aiguilles à tricoter et qu'elle pensait que c'était fini, mais que, depuis cette nuit, elle a très mal au ventre et n'arrête pas de saigner. L'infirmière qui était avec nous nous a dit qu'on devait s'adresser au Dr M. à l'hôpital Necker (un de ceux qui ne dénonce pas les femmes qui avortent clandestinement), mais qu'elle ne pouvait pas nous suivre parce qu'elle était connue là-bas. On l'a portée comme on pouvait dans les escaliers. Des voisins sont sortis. On a dit qu'elle faisait un malaise. L'ambulance est arrivée. Comme on n'est pas de sa famille, personne n'a pu monter à bord avec elle. Pourtant, sa famille, ce jour, c'était nous. On a dit aux ambulanciers qu'elle était suivie par le Dr M. et qu'il fallait absolument la lui confier.

Les trois cents francs qu'elle a donnés, c'étaient toutes ses économies.

En rentrant, je suis allée me promener au parc avec le fils de Rabi, Mahmoud. C'est la cinquième fois qu'on se voit tous les deux et je suis déjà très amoureuse. Je vis mon tout premier amour. Comme c'est fort !

MORTEN

Chambre de Morten

Morten, la mère de Morten

La clé tourne dans la serrure. Un sac tombe sur le sol. J'attends, dans ma chambre rangée, assis à mon bureau, mes feuilles de cours toujours étalées devant moi.

MORTEN

Dis Siri, joue Mozart.

SIRI

« Un instant.

Les femmes ont leurs règles et ce, de la puberté jusqu'à la ménopause. »

MORTEN

Dis Siri, c'est pas ce que je t'ai demandé.

LA MÈRE DE MORTEN

Tu dis quoi ?

MORTEN

Moi, rien. C'est Siri.

Dis Siri, joue-nous Mozart.

SIRI

« Les règles sont aussi appelées "menstrues", du latin *menstrua* qui signifie "période d'un mois". »

MORTEN

Siri… MO-ZART ! C'est pas compliqué.

Mozart, ça va détendre ma mère. C'est son compositeur préféré. Sauf qu'elle arrive déchaînée, le fanzine de No Kids à la main. C'est l'exemplaire que m'a prêté Malika.

L'effet Mozart, zéro.

LA MÈRE DE MORTEN
Je crois qu'on a des choses à se dire.

Elle ne lâche même pas un demi-sourire, même pas un « mon chéri », ou un « mon grand ». Oui, je sais, ça se dit pas, mais elle m'appelle comme ça quand on est tous les deux, et je suis sûr que c'est pareil pour tous les autres. C'est juste la honte, alors personne le dit.

LA MÈRE DE MORTEN
C'est quoi ça ?

Je mets Mozart sur pause.

MORTEN
... Un fanzine... C'est perso ! C'est à moi !

LA MÈRE DE MORTEN
Il était par terre. Si tu voulais pas que je le lise, fallait ranger ton bordel !

Elle l'agite dans tous les sens. Les feuilles claquent les unes contre les autres.

LA MÈRE DE MORTEN

Donc tu penses comme Malika ?

MORTEN

Je suis No Kids.

LA MÈRE DE MORTEN

T'es un gosse de seize ans qui pense qu'il a tout compris au monde, mon chéri.

Comme tous les autres avant toi.

MORTEN

J'ai pas envie de parler de ça.

LA MÈRE DE MORTEN

Ah mais si, on va en parler !

Que tu sois gay, cis-machin, binaire, trinaire, bisexuel, aucun problème.

Mais là, j'apprends que mon fils ne veut pas avoir d'enfants et qu'il adhère à une pensée qui propose aux jeunes adultes de se faire stériliser, alors... je veux bien être compréhensive mais, là, j'atteins mes limites, et je suis pas contre un petit mot d'explication.

MORTEN

C'est simple : je veux pas me reproduire.

On est déjà beaucoup trop sur la planète.

LA MÈRE DE MORTEN

Tu penses ça maintenant mais ça changera...

Tu voudras peut-être devenir père.

Les jeunes hommes de dix-huit ans qui se font faire une vasectomie, c'est juste de la folie.

MORTEN

C'est une action militante. C'est pas de la folie.

Tu devrais être contente, je mettrai pas de fille enceinte.

LA MÈRE DE MORTEN

Ne pas les mettre enceintes à ton âge, oui, c'est mieux.

Mais pour après, Morten, pour après…

MORTEN

Y a pas d'après.

On n'a pas le choix.

Faut bien qu'une génération prenne les choses en main.

C'est la mienne.

D'ailleurs, je voulais te dire… Le mur… Les tags. J'étais là aussi.

LA MÈRE DE MORTEN

Je suis pas stupide.

Je t'ai entendu te lever ce fameux jour à 5 heures…

Tu t'es jamais levé à cette heure depuis que tu es né sauf pour partir en vacances, et tu n'es pas discret.

MORTEN

Pourquoi t'as rien dit ?

LA MÈRE DE MORTEN

D'abord, je voulais pas y croire et, ensuite, j'attendais que tu te dénonces.

Je pensais que tu avais au pire assisté à la scène, mais pas que tu y avais participé !

Tu sais dans quelle situation tu m'as mise devant le ministre ?

Elle jette le fanzine sur mon bureau. Il claque contre le bois.

LA MÈRE DE MORTEN

… Je savais pas ce que c'était exactement que ce No Kids.

Maintenant, à la lecture de ce torchon, je sais mieux.

Les samedis en colle, les heures d'intérêt général, c'est aussi pour toi.

MORTEN

Et tu convoques pas ma mère ?

LA MÈRE DE MORTEN

Tu crois vraiment que c'est le moment de faire de l'humour ?

Parfois, ça marche, ça désamorce tout. Pas cette fois.

LA MÈRE DE MORTEN

Morten, c'est sérieux. C'est de ton avenir qu'on parle.

Elle me regarde toujours fixement mais ses yeux noirs sont moins dilatés.

Je la connais par cœur quand elle s'énerve.

Je sais exactement à quel moment ça se calme et on dirait que ça se calme.

LA MÈRE DE MORTEN

Les homos deviennent parents et les hétéros refusent de l'être.

C'est le monde à l'envers.

MORTEN

Ça veut plus rien dire, tout ça. Homo, hétéro.

Kylian, par exemple, il est Ace.
Asexuel.
Et il est aussi No Kids.

LA MÈRE DE MORTEN

Il est… ?

MORTEN

Sans sexualité. Il aime pas le sexe.
Il est attiré sexuellement par personne, ni les filles ni les garçons.

LA MÈRE DE MORTEN

Mon chéri, il vient de perdre son père. Il n'a pas de libido, c'est normal.
T'apprendras ça quand tu liras Freud.

MORTEN

Il est Ace depuis la 4e.
Ça a rien à voir avec son père.
Mais comme tu veux toujours avoir une explication à tout…

LA MÈRE DE MORTEN

OK.
Douche. Froide. Ça s'impose.

Retour des yeux noirs. Retour de la colère. Je suis toujours assis à mon bureau.

LA MÈRE DE MORTEN

Je vais réfléchir à une sanction.

MORTEN

Je suis déjà collé !

LA MÈRE DE MORTEN

Ma sanction de parent, pas celle de proviseure.

MORTEN

C'est la double peine avec toi ! La mère de Malika, elle est super fière de sa fille !

LA MÈRE DE MORTEN

Elle l'était un peu moins dans mon bureau. Et la mère de Malika, elle a pas huit cents ados à gérer quotidiennement.

MORTEN

Tu l'as vue ?

LA MÈRE DE MORTEN

Oui. Et je ne suis pas du tout sûre qu'elle soit aussi détendue que tu veux bien le dire à propos de ce…

MORTEN

No Kids.

LA MÈRE DE MORTEN

No Kids sans avoir passé la vingtaine…

Je te jure…

SIRI

« Dès qu'une jeune fille a ses règles, cela signifie que son appareil génital est prêt à accueillir une grossesse. »

Je me lève pour éteindre mon enceinte connectée. J'appuie sur Off *mais rien ne se passe.*

MORTEN

Je sais pas pourquoi ce truc se met en marche n'importe quand !

SIRI

« Elles ne s'arrêtent qu'à deux moments phares : lorsqu'une femme est enceinte et lorsqu'elle atteint l'âge de la ménopause. »

MORTEN

Siri, tais-toi.

SIRI

« L'âge de la ménopause est un âge… »

MORTEN

Dis Siri, je vais te tuer.

SIRI

« J'aime mieux pas. »

J'appuie encore sur le bouton Off. *Si ça valait pas ce prix-là et si j'en avais pas autant besoin, je la balancerais bien contre le mur. J'arrive enfin à l'éteindre.*

LA MÈRE DE MORTEN

Je vais te simplifier la vie. Déjà, tu bouges pas d'ici ce week-end et personne ne vient te voir. Et ce soir, j'activerai le mode blocage de ton téléphone sur la borne de la maison, pour une semaine.

MORTEN

Non !

Je veux bien faire la vaisselle un mois ou le ménage ou sortir les poubelles mais pas ça !

LA MÈRE DE MORTEN

Tu as jusqu'à 19 heures.

MORTEN

Ou même aller en week-end chez les scouts... comme papa veut. Tout un week-end à me cailler sous une tente, c'est une punition classe A !

LA MÈRE DE MORTEN

19 heures sur la borne.

MORTEN

Tu diras rien à papa ?

LA MÈRE DE MORTEN

Il le sait déjà. Attends-toi à pire que moi.

MORTEN

Je sais.

Il est pas gendarme pour rien.

LA MÈRE DE MORTEN

Et arrête ce genre de réflexion.

MORTEN

... Maman, j'ai TROP besoin de mon portable.

Tu peux pas me faire ça.

LA MÈRE DE MORTEN

Fallait y penser avant.

MORTEN

C'est pas juste.

LA MÈRE DE MORTEN

Et tu as ne serait-ce qu'une toute petite idée de la justice dans ce cas-là ?

MORTEN

Oui.

LA MÈRE DE MORTEN

Je t'écoute.

Avant, une petite précaution.

Elle s'assoit sur mon lit, et prend une grande inspiration. Je remets ma casquette en place sur mon crâne. J'ai bien observé les businessmen ou les gens importants sur YouTube, ils resserrent tous leurs cravates avant de parler. Ça leur donne l'air sérieux. Moi, je resserre ma casquette.

MORTEN

C'est pas juste parce que je fais ce que tu m'as toujours appris. Je suis moi-même.

Je m'engage. J'assume. J'ai mes propres idées.

C'est pas ce que tu me dis tout le temps de faire ?

LA MÈRE DE MORTEN

No comment.

Je vais aller prendre ma douche.

Ne me dérange pas.

Elle part.

J'appelle direct Malika.

MORTEN

Allô ?

… C'est moi.

Ça va ?

Ton ventre, ça va mieux ?

… OK.

Combien ? T'as calculé ?

Six jours ?

Ça fait beaucoup… ?

Moi j'ai entendu que quand il faisait super chaud, ça pouvait expliquer les retards et…

T'iras quand voir l'infirmière ?

Je te rejoindrai mais à la pause à 4 heures. J'ai EPS avant.

Ah… ma mère a trouvé le fanzine et je lui ai dit pour les tags.

Crise. Stra-tos-phé-rique.

Comme prévu.

Je serai collé les mêmes jours que toi et j'ai plus de téléphone pendant une semaine.

Tu pourras plus me joindre à partir de 7 heures ce soir.

Elle me prend ma tablette aussi. Et je suis interdit de sortie.

Je t'avais dit que ce serait dix fois pire chez moi !

Je vais me retrouver sans rien.

L'enfer.

… Oui… Moi aussi…

Je balance mes fringues dans toute ma chambre, je les étale bien partout, j'éclate ma pile de casquettes, je fous un coup de pied dedans, je remets un beau bordel.

Et puis, je m'assois au pied de mon lit, je me colle à l'écran de mon téléphone. Je chuchote.

MORTEN

Dis Siri… ?

SIRI

« Quelle est votre demande ? »

MORTEN

Qu'est-ce que ça veut dire si une fille a un retard de règles de six jours ?

J'insiste bien sur le mot « six ».

SIRI

« Le retard de règles de plusieurs jours est souvent le premier signe d'une grossesse. »

MORTEN

Dis Siri, tu l'as déjà dit et c'est des conneries.

C'est pas possible. On a fait attention. Trouve autre chose.

SIRI

« Je ne sais pas quoi répondre à ça. »

MORTEN

Rien. Réponds rien.

MALIKA / GROS PLAN

MALIKA

Je me réveille. Il est 10 heures.

Je me suis couchée tard. J'ai essayé de pas me faire de films mais forcément, je m'en suis fait.
J'ai lu toutes les discussions sur les forums qui parlent de règles en retard.
Stress.
Dépression.
Vaccin Covid.
Chaleur.
Et grossesse, bien sûr.

Je peux pas être enceinte.
On n'a pas fait l'amour avec Morten depuis notre week-end à Moront.
On s'est touchés, caressés mais c'est tout.

J'aurais bien aimé le voir ce week-end. Je regretterais presque qu'il ait tout dit à sa mère pour No Kids. Sans ça, il aurait pas été puni, on aurait pu se voir.

MORTEN

Je me réveille. Il est 10 heures.

Je me réveille en prison.
J'ai super faim mais je bouge pas de mon lit. Je veux pas croiser ma mère.
J'attends qu'elle aille faire son jogging.
J'ai fait le plein de céréales hier soir et je tape dedans, en attendant.

J'espère que Malika a ses règles.
C'est ouf de penser une phrase pareille, ça me fait flipper cette histoire !

J'entends la porte se refermer.
Pas dans le couloir.
Un œil à la cour.
Ma mère est partie courir.

Je me jette hors de mon lit, je fonce jusqu'à la cuisine et je balance un tacos direct dans le micro-ondes.

KYLIAN

Je me réveille. Il est 10 heures.

C'est ma mère qui a frappé à la porte de ma chambre avec un gourdin. Vu le bruit que ça a fait, ça pouvait être que ça.
J'ai ouvert un œil et la première chose que j'ai entendue, c'est cette putain de télévision. Ses émissions à la con sur « Qui veut acheter ma maison déglinguée ? ».
Pourquoi elle regarde ça ? On n'a même pas de quoi se payer un bout de verre pour réparer la vitre de la salle de bains, on va pas s'acheter un appartement ou une baraque ! On va rester dans notre rez-de-chaussée avec nos rideaux tirés pour pas que ceux qui passent dans la rue nous matent.

Il pleut dehors.
J'aime pas la pluie.

MALIKA

Il me manque.

Mes parents sont invités ce soir et ma mère m'a dit texto : « On vous laisse la maison, vous pourrez faire l'amour tranquilles. » J'ai hurlé, of course. Mes oreilles ne sont pas faites pour entendre des trucs pareils, je veux pas qu'elle imagine ça, je veux pas qu'elle en parle.

Ça me gêne tellement.

MORTEN

C'est pas l'heure mais je m'en fous. J'ai trop faim.

La bouche pleine de sauce piquante, j'appelle Malika avec le téléphone fixe, un truc à fil orange qui date de mille ans.

KYLIAN

Qu'est-ce que je vais faire aujourd'hui ?
Me tirer et zoner.
Marcher jusqu'au petit théâtre de quartier.
Le directeur est sympa. Il me laisse entrer parfois et je peux tenter des trucs dans les décors avec ma marionnette.

Quelqu'un peut dire à Stéphane Plaza de la fermer ?

KYLIAN

Salle de repos

Kylian, l'infirmière

Un faux mouvement et je fais tomber un cadre qui est au mur. Moi et mes grandes jambes et mes grands bras et mon corps baltringue, on se cogne partout même quand j'ai pas de problème pour tenir bien droit. J'entends la voix de l'infirmière, de loin.

L'INFIRMIÈRE
C'est toi, Kylian ? Tout va bien ?
KYLIAN
Oui. C'est la photo au mur qui est tombée.
L'INFIRMIÈRE
Gisèle Halimi ?
KYLIAN
Je sais pas. Une femme en doudoune.
L'INFIRMIÈRE
Je peux entrer ?

Elle arrive et j'ai l'air un peu con, le verre brisé entre les doigts. J'ai l'air con aussi avec ma tache XXL sur mon bas de survêt.

KYLIAN
Je vais vous en racheter un.
L'INFIRMIÈRE
Je dois en avoir d'autres chez moi, ne t'inquiète pas. Ça va, aujourd'hui ? Pas de vertiges ?

KYLIAN
Non.

Quand même, j'ai failli me tirer du bus ce matin parce que je supportais pas d'être serré contre les autres et que je sentais que ça pouvait arriver, le tournis, mais c'est passé, alors je dis rien. Je rassemble le verre brisé dans un mouchoir. Je tire sur mon pull pour que ça cache un peu ma tache.

L'INFIRMIÈRE
Tu as aménagé ton refuge ? Des BD, une lampe et un plaid…
Et ça, c'est quoi ?
KYLIAN
C'est ma marionnette.
L'INFIRMIÈRE
Tu sais la manipuler ?

Je l'attrape au sol et je commence à tirer sur les fils. Je la relève, j'actionne un bras, puis l'autre.

L'INFIRMIÈRE
C'est joli.

Je la fais marcher et saluer, torse en avant. L'infirmière applaudit, c'est cool, mais ses yeux passent ensuite du corps de la marionnette à la tache sur mon bas de survêt… Je suis gêné, gêné à mort, alors je lâche tout et je change de sujet.

KYLIAN
C'est qui Gisèle Halimi ?
L'INFIRMIÈRE
Une femme qui a beaucoup compté au XXe siècle, une grande avocate.

L'intercours sonne.

L'INFIRMIÈRE
J'ai une réunion. Je dois y aller.
Tu retournes en cours après la pause ?
KYLIAN
Oui.
L'INFIRMIÈRE
Alors bonne journée.
KYLIAN
Vous aussi, madame.
L'INFIRMIÈRE
Cette sonnerie, c'est de pire en pire…

Elle sort.
Je confirme, ça grésille de plus en plus comme si les fréquences se détachaient les unes des autres pour bien nous racler le fond de l'oreille.

KYLIAN
… Tu trouvais très con, papa, qu'il nous mette une sonnerie qui ressemble autant à celle de ton usine. Souvent, quand je l'entends, je pense à toi.

Et je pense à cette putain d'usine, à comment tu t'es cassé le corps sur ces machines.

Et je les déteste, les machines et ton patron, celui qui nous a fait livrer des fleurs quand t'es mort.

Il savait même pas lesquelles tu préférais.

Il en avait rien à foutre de toi, sinon il t'aurait pas laissé à ton poste, à respirer ces putains de produits chimiques quand il a su que t'étais malade.

Il t'aurait mis au repos.

…

Maman, ça va pas mieux. Elle enchaîne les heures, elle se coiffe plus trop, elle se maquille jamais.

Sa seule obsession, c'est de voir ton frère pour parler de toi.

Avec moi, elle refuse.

Avec moi, c'est comme si t'étais mort depuis dix ans.

La machine à laver est en panne. Elle a pas le temps de s'en occuper. Ses petits coloriages, c'est plus important. Elle dit que si je suis pas content, j'ai qu'à frotter mes fringues dans l'évier.

Ce matin, j'avais plus rien à mettre.

J'ai remis un vieux survêt. Il pue pas. Il est juste taché.

Mais c'est la honte.

CARNET DE RAFFIA

Janvier 1971

Dany est saine et sauve, elle a dû rester plusieurs jours à l'hôpital mais elle est hors de danger. C'est pas le cas d'une autre fille qui, elle, est morte des suites d'une infection.

J'ai appris cette nouvelle et deux heures après, je faisais l'amour pour la première fois avec Mahmoud.

C'est fou comme la vie, ça peut être chaud et froid, comme on peut se sentir vivante et vibrante et aussi triste dans une même journée.

MALIKA
Infirmerie
Malika, Morten, l'infirmière

Je suis assise et j'ai la sensation que mes deux pieds sont collés au sol, comme si je ne pouvais plus bouger.

MALIKA
Je comprends pas…

Je regarde les pansements et autres médicaments qui sont posés sur la table à roulettes à côté de moi. Mes yeux regardent, moi, j'imprime pas. J'imprime rien.

MALIKA
Je comprends pas…
L'INFIRMIÈRE
Combien de jours, tu dis ?
MALIKA
Huit. J'ai compté et recompté.
D'ordinaire, j'ai pas autant de retard. Je peux en avoir un peu mais pas autant.
L'INFIRMIÈRE
Tu es stressée en ce moment ?
Tu as plus de pression ?
MALIKA
J'ai toujours la pression.
J'ai tellement de travail que j'ai plus de temps pour moi.

J'ai plus de vie. Ça change pas.

Non, ce qui me met vraiment le stress, c'est de pas avoir mes règles.

L'INFIRMIÈRE

Ça arrive.

Vous avez pris vos précautions avec Morten ?

MALIKA

... Oui.

C'est pour ça, je comprends pas.

L'INFIRMIÈRE

Tu veux faire un test de grossesse pour vérifier ?

J'en ai un ici.

MALIKA

... Oui.

Elle sort une boîte de son tiroir et l'ouvre.

Le stick roule sur son bureau. Elle déplie le mode d'emploi.

Tout se serre à l'intérieur de moi.

L'INFIRMIÈRE

Morten sait ?

MALIKA

Oui. Il va venir après son cours d'EPS.

L'INFIRMIÈRE

Tu sais comment ça marche ? Il faut cinq minutes avant que le résultat apparaisse.

Tu voudras attendre seule ou avec moi ?

MALIKA

Avec vous.

Elle me tend la boîte.

Le test dans la main, je m'éclipse. Je pense à ma grand-mère, à ces femmes dont elle parle dans ses carnets, je me dis que je ne peux pas faire partie des filles qui tombent enceintes, sans le vouloir, par accident.

L'INFIRMIÈRE
Respire, Malika.
Attends de savoir.

Je reviens.
Ventre dévoré par l'angoisse.
Cinq minutes.
Le décompte commence.

MALIKA

... 0 à 60 secondes

Comment c'est possible ?

Comment ? Je prends ma pilule tous les jours. Je manque jamais un jour. Sauf les quatre où je l'avais plus mais on a fait attention...

... 60 à 120 secondes

Je regarde une affiche sur le mur avec un numéro d'appel dessus et à côté, une carte postale d'Hawaï, mer bleu turquoise.

Je ferme les yeux. Je plonge dans le noir. J'ai envie de pleurer.

... 120 à 180 secondes

Ma vie peut pas s'écrouler comme ça ? Si ?

J'ai envie de hurler. Mes jambes se mettent à trembler.

... 180 à 240 secondes

Je fixe le petit espace où le trait doit apparaître si je suis enceinte.

Y a rien...

J'ai peut-être une chance que ce soit pas ça.

Que ce soit la pression, le stress, la chaleur.

... 240 à 300 secondes

Ça se brouille, ça devient flou. Y a quelque chose.

Je tends le tube à l'infirmière.

L'INFIRMIÈRE

Je suis désolée Malika, mais le résultat indique une grossesse.

Quelqu'un frappe à la porte.

L'INFIRMIÈRE

Oui ?

MORTEN

C'est Morten.

L'INFIRMIÈRE

Je peux le laisser entrer ?

Je balance un oui de la tête.

Ou un non, je sais plus trop.

MORTEN
Infirmerie, salle de repos
Morten, Malika, l'infirmière et Kylian
(qui, dans la salle de repos,
entend une partie du dialogue)

MORTEN
Bonjour madame.
Salut Malika.

Je le vois direct à sa tête, ça va pas.
Je m'assois à côté d'elle.
Elle me montre du doigt un stick blanc sur le bureau.

MALIKA
Y a deux traits bleus…
L'INFIRMIÈRE
Ça veut dire que…
MORTEN
Je sais ce que ça veut dire.

Je reste immobile, je fixe le stick.

MORTEN
C'est sûr ?
L'INFIRMIÈRE
Il faut confirmer ce résultat par une prise de sang.

MALIKA

Je veux pas le garder.

J'en veux pas.

L'INFIRMIÈRE

Chaque chose en son temps.

Vous voulez que je calcule le jour où la fécondation a eu lieu… ?

MALIKA // MORTEN

… Oui… Non.

Elle répond en même temps que moi et on répond pas la même chose.

Je m'en fous de savoir quand, parce que c'est juste pas possible. Siri m'a tout expliqué : et juste, c'est pas possible.

J'étais confiant parce que c'est pas possible.

L'INFIRMIÈRE

Mettez-vous d'accord.

MORTEN

C'est bon.

L'INFIRMIÈRE

La date du premier jour de tes règles, Malika ?

MORTEN

Le jour de la sortie d'*Avatar 2*.

L'INFIRMIÈRE

La vraie date, s'il vous plaît…

MORTEN

Le 7 mars.

L'infirmière google la date et calcule sur un tableau à double entrée. Je vois des couleurs rose et bleu sur la feuille en plastique. Elle fait glisser son doigt.

L'INFIRMIÈRE

Voyons… Ce serait aux alentours du mercredi 21 mars.

Je calcule vite fait dans ma tête. Ce mercredi-là, on était chez moi, nous deux, elle, pas de pilule, moi, pas de pénétration.

Je m'en souviens bien. C'est le jour où on a refait plein de fois la vidéo pour Green Teens.

MORTEN

On n'a pas… On n'a pas vraiment, ce jour-là… T'avais pas ta nouvelle pilule.

MALIKA

Le lendemain alors.

MORTEN

C'est pas possible. On s'est vus que le mercredi, cette semaine-là… Donc c'est pas moi le père !

MALIKA

Dis pas ce mot-là.

Le truc, c'est un embryon, des cellules, c'est juste ça.

MORTEN

Je suis pas le père de ton embryon ?????

J'ai le cœur qui se craquelle, comme le sol dans les déserts quand vraiment le soleil tape trop.

Je pense à toute vitesse.

MortenetMali.

Mormali.

Malimor.

The couple *du lycée Paul Éluard.*

Je croyais que j'étais le seul, que je serais toujours le seul, et à ceux qui me disaient avec leurs dégaines de vieux cons qu'elle et moi, ce serait jamais à la vie, à la mort, et qui me balançaient des « tu verras, mon petit coco... », à eux, je leur répondais, sûr de moi, « ben si, nous, c'est différent ».

J'ai l'air bien débile maintenant.

MALIKA

Tu crois quoi ?

Que j'ai couché avec un AUTRE ?

Je garde les bras croisés, je regarde personne.

MORTEN

C'est pas moi. Alors c'est qui ?

MALIKA

Donc forcément, c'est moi qui t'ai trompé ?

Forcément, c'est de ma faute !

MORTEN

C'est qui ?

MALIKA

Arrête !

MORTEN

C'est forcément quelqu'un d'autre !

L'INFIRMIÈRE

On se calme.

Racontez-moi exactement ce qui s'est passé ce jour-là.

MORTEN

Je vais y aller.

Je crois pas que je sois la bonne personne pour raconter comment elle est tombée enceinte.

MALIKA

J'y crois pas !

MORTEN

C'est vrai, je suis pas dans l'histoire. Je sais pas ce que t'as fait, mais j'étais pas là.

MALIKA

Merci de la confiance !

MORTEN

C'est arrivé comme ça, peut-être ?

MALIKA

Je comprends pas plus que toi.

MORTEN

Je me casse.

Je te laisse raconter tes petits secrets.

MALIKA

C'est ça, pars.

Je me lève, j'éjecte ma chaise contre le bureau, l'infirmière cherche à me retenir mais je veux plus rien entendre.

Le test de grossesse roule sur le bureau et tombe à mes pieds.

Deux traits bleus et j'ai le cœur brisé.

MALIKA
Infirmerie
L'infirmière, Malika

MALIKA
Je le déteste.
L'INFIRMIÈRE
Il n'y a que moi. Tu peux tout me dire, ça restera entre nous. Je suis tenue par le secret.
Tu as eu d'autres relations ?
MALIKA
NON !
L'INFIRMIÈRE
Tu n'as pas été agressée ?
MALIKA
Non !
L'INFIRMIÈRE
Alors je ne vois qu'une solution. C'est rare mais ça existe…
Lis ça.

Elle me tend une brochure. Je lis le paragraphe qu'elle me montre du doigt.

MALIKA
« Avant l'éjaculation, l'appareil reproducteur masculin sécrète un liquide appelé "pré-éjaculat", ou précum, qui sert de lubrifiant pendant les rapports sexuels. Étant

donné que le pré-éjaculat seul ne contient généralement pas de spermatozoïdes, la probabilité de tomber enceinte est minime. Cependant, il est possible que le pré-éjaculat contienne des spermatozoïdes dans certaines circonstances. Plus important encore, la libération du pré-éjaculat est involontaire. En d'autres termes, la plupart des hommes ne peuvent pas la contrôler et ne s'en rendent pas compte. Par conséquent, on peut tomber enceinte à partir du sperme pré-éjaculatoire et, ce, même sans pénétration. »

L'INFIRMIÈRE
Tu es sans doute tombée enceinte comme ça.

J'ai jamais entendu parler de ça. J'essaye de me remettre les images en tête, ce qu'on a fait ce jour-là, si on était nus ou pas.

L'INFIRMIÈRE
Ça pourrait correspondre ?
MALIKA
… Oui.
On peut vraiment tomber enceinte comme ça ?

Elle confirme. Chaque époque a ses trous noirs, Dany pensait qu'on pouvait pas tomber enceinte la première fois, moi, je découvre qu'on peut tomber enceinte sans vraiment faire l'amour.

L'INFIRMIÈRE

Tu veux que je fasse appeler Morten et que je lui explique ça calmement ?

MALIKA

Non.

Je veux pas le voir.

Je veux plus jamais le voir.

Je passe mon ongle dans une rainure sur le bureau. J'en sors des petits grains de poussière. Je recommence plusieurs fois. Je me mets à pleurer.

MALIKA

Je veux pas le garder, madame. Je suis trop jeune, je suis pas…

Et je veux que personne sache, surtout pas ma mère.

L'INFIRMIÈRE

Tu es proche d'elle pourtant, non ? Elle pourrait t'accompagner.

MALIKA

Elle comprendrait pas et je veux pas la décevoir.

L'INFIRMIÈRE

Tu as peur qu'elle ne te croie pas ?

Silence.

Ventre qui passe de l'angoisse à la panique.

Elle détache un Post-it et note une adresse et un numéro dessus.

L'INFIRMIÈRE

Va au Planning familial.

Vas-y ce soir. Dis-leur que je serai ton adulte référente et qu'ils peuvent me contacter quand ils le veulent. Ils me connaissent.

Tu pourras dire à ta mère que tu étais avec moi si elle te demande. Je te couvrirai.

Le téléphone sonne. Elle répond.

L'INFIRMIÈRE

Laissez bien l'élève allongé, jambes levées. J'arrive. Quelle salle ?

Elle se lève et attrape sa sacoche au passage.

L'INFIRMIÈRE

Tu peux rester là tant que tu veux, Malika.

Le Planning ferme à 23 heures.

Elle me tend une boîte de mouchoirs.

L'INFIRMIÈRE

Je suis désolée.

Je réponds pas.

Je sais pas parler quand j'ai trop de larmes dans les yeux. Je me contente juste de hocher la tête.

KYLIAN

Infirmerie

Kylian, Malika

J'entre. Elle a les bras repliés sur la table et sa tête est posée dessus. Elle pleure. J'ai rien à faire là, je suis pas doué pour réconforter les autres. J'essaie de passer discrètement derrière le paravent mais je marche sur une dalle pourrie, la pierre grince sous mes semelles, ça fait du bruit, elle relève la tête. Grillé.

KYLIAN
Salut...
MALIKA
Kylian ?
... Qu'est-ce que tu fais là ?
Tu sors d'où ?
KYLIAN
D'une salle à côté...
MALIKA
C'est Morten qui t'envoie ?
KYLIAN
Non.
MALIKA
Parce que je veux plus le voir.
Y a une salle à côté ?
KYLIAN
Oui. Derrière. Tout le monde pense que c'est une porte de placard mais non.

MALIKA

Alors t'as tout entendu ?

KYLIAN

J'ai entendu un peu.

MALIKA

Alors tu sais.

KYLIAN

Je suis désolé pour toi.

Je peux pas imaginer ce que ça doit être.

MALIKA

Je veux plus jamais le voir, mais comme t'es son meilleur ami, tu vas forcément être de son côté.

KYLIAN

Non.

Les mouchoirs qui s'entassent sur ses cuisses tombent par terre. Ses yeux sont rouges, ses joues gonflées.

MALIKA

Je veux pas garder *ça* dans mon ventre.

Elle pleure à nouveau. Je l'ai jamais vue pleurer. Malika, c'est une fille joyeuse, une fille pas comme les autres. Avec sa queue-de-cheval qui rebondit quand elle marche et ses boucles d'oreilles de toutes les couleurs, elle a toujours l'air de bon poil. Ça contraste avec moi. C'est peut-être pour ça qu'on s'est jamais vraiment parlé.

Je pose une main sur son épaule, je l'enlève, je la remets, je suis pas doué pour réconforter les autres.

KYLIAN
Ça va aller.

Elle pleure de plus en plus. La boîte de mouchoirs est presque vide.

KYLIAN
T'as quelqu'un pour t'aider ?
MALIKA
Non. Personne sait hormis toi et Morten, et je compte pas en parler.
Tu dis rien. Tu promets ?
KYLIAN
Juré.

Je lève la main comme ils font dans les séries américaines (j'adore mater ça) quand l'heure est grave et qu'il faut dire à personne que le quarterback s'est pété le genou et qu'il finira pas la saison.

MALIKA
Je dois aller au Planning familial.
KYLIAN
Je peux venir avec toi si tu veux.
MALIKA
J'ai deux heures. Ensuite, ma mère va rentrer chez moi et si je suis en retard, elle va me poser des questions et je veux surtout pas.

KYLIAN
Ils vont te faire quoi là-bas ?
MALIKA
M'aider.

Elle renifle. Je lui tends un paquet de mouchoirs que je trouve au fond de mon bordel, dans mon sac.

MALIKA
Merci…

J'en profite pour sortir le cadre photo.

MALIKA
C'est quoi ?
KYLIAN
Un… cadre photo.
C'est pour l'infirmière. J'ai cassé le sien, je lui en ai racheté un.
C'est un portrait de Monique ou Gisèle…
MALIKA
Gisèle Halimi.
KYLIAN
Tu la connais ??
MALIKA
C'était une amie de ma grand-mère…
KYLIAN
L'infirmière dit que c'était un genre de sainte.

MALIKA
C'était une féministe. Beyoncé mais en avocate.
KYLIAN
Ta grand-mère aussi, c'était une féministe ?
MALIKA
Ma grand-mère, ma mère et mon père.
Il était où ce portrait ?
Dans ta cachette ?

Je confirme. Mon iPhone 5 (je suis pas riche, je me traîne des vieux modèles dont personne ne veut et que je peux jamais mettre à jour) vibre dans ma poche.

KYLIAN
C'est Morten. Il veut me voir.
Mais je peux rester si tu veux.
MALIKA
Ton refuge, il est qu'à toi ?
KYLIAN
Non, je le partage.
MALIKA
Kylian, tu jures que tu diras rien à personne ?
KYLIAN
Pour la deuxième fois, je te jure.

Malika a toujours le visage explosé par les larmes au moment où elle quitte l'infirmerie.
Je la laisse partir et je retourne dans mon refuge.

KYLIAN
Salle de repos

KYLIAN
Je suis très doué pour les secrets.
J'en ai moi aussi.
Tout le monde en a ici.
Mme Fomb qui couche avec le père de Morten.
Le gardien qui mate le cul de la nouvelle prof de français.

Je dirai rien.
Pas vrai, papa ? On est des tombes chez les Bâtard.
On dit rien. Rien sur nous, rien sur les autres : on n'est pas des balances.

J'ai un secret moi aussi.

J'attends mes dix-huit ans, et le lendemain je me casse loin d'ici, je vais quelque part où personne me connaît.
Un endroit où je serai pas ton fils.
Parce que soit on me parle que de toi quand je croise des gens dans le quartier, soit on me dit rien et on fait comme si t'étais pas mort.
Je sais pas ce qu'il y a de pire.

J'entends des pas se rapprocher, quelqu'un frappe à la porte.

MALIKA
Finalement, je veux bien que tu viennes avec moi.
KYLIAN
J'arrive.
MALIKA
Tu parlais à qui ?
KYLIAN
… À personne.

2.

MALIKA

Salle de repos

Malika, Kylian, Morten

Le refuge de Kylian ressemble à la cabane que j'avais dans le grenier de ma grand-mère quand j'étais petite. Je tendais un grand drap entre deux poutres, et j'avais aussi une couverture par terre, des BD, des Tom-Tom et Nana. *J'y passais des heures. J'avais peur de rien là-haut. Je craignais juste les araignées. Quand j'en voyais une, surtout une poilue, quand ça arrivait, je hurlais et ma grand-mère arrivait en courant, les marches en bois vibraient sous son poids, elle demandait « quoi, quoi ? », et je continuais de hurler « une araignée !! », souvent la bestiole faisait la morte, roulée en boule, je m'en souviens bien, et elle se mettait juste à bouger et à fuir quand une main s'approchait, ma grand-mère trouvait que c'était héroïque à voir, cette araignée qui restait immobile alors que le danger la guettait. Son mouchoir dans la main, elle me disait que certains devraient s'en inspirer et faire preuve du même courage. Moi, je fixais le mouchoir dans lequel elle était capturée en priant qu'elle ne se sauve pas tandis que ma grand-mère la descendait dans le jardin.*

Pas de risque ici. Pas une toile en vue.

Je fais comme je faisais quand j'étais petite pour être sûre d'être tranquille : je piège le lieu. Je pose une chaise devant la porte, le dossier calé sous la poignée. Sous la chaise, un cimetière de chewing-gums collés et sur le côté des graffitis au compas, des lettres qui s'entremêlent.

J'attends, je me cache en attendant d'aller en cours. Je veux pas croiser Morten. Je lis les carnets de ma grand-mère.

Je fixe le portrait de Gisèle Halimi au mur. J'ai l'impression de la connaître, un peu.

CARNET DE RAFFIA

7 mars 1971

Quelque chose se prépare. Gisèle m'a mise dans la confidence mais il ne faut pas que j'en parle. Simone de Beauvoir est d'accord pour signer un manifeste dans lequel elle dira qu'elle s'est fait avorter. D'autres femmes connues et inconnues le signeront aussi afin d'alerter l'opinion publique et le tout sortira dans un grand journal. J'ai décidé de le signer. Catherine Deneuve, Delphine Seyrig[1], entre autres, l'ont signé aussi. Personne n'ira les mettre en prison et les femmes anonymes comme moi serons protégées.

Gisèle est venue dîner à la maison hier soir et on a parlé que de ça ! (Presque, j'ai aussi parlé de Mahmoud et Gisèle de Claude, son mari qui la soutient partout et pour tout.) On a dégusté un tajine que j'avais cuisiné pour nous. Mahmoud était au cinéma. Il sait que, quand

1. Actrice et réalisatrice célèbre (1932-1990).

je vois Gisèle, j'ai besoin de tout mon espace. Je me sens bien avec lui. Les copines du MLF me disent que je ne dois pas tomber dans le piège, que le couple, c'est une tradition bourgeoise qui a mis les femmes en esclavage pendant des siècles mais je m'en moque. J'ai pas quitté une prison de pensée pour me retrouver dans une autre. Je ferai ce dont j'ai envie.

Bruit à côté. Je referme le carnet et je le range dans mon sac. C'est Kylian. Je le reconnais au bruit de ses pas. C'est un géant, peut-être le plus grand du lycée et il se cogne dans tout. Je déplace la chaise pour qu'il puisse entrer.

KYLIAN
T'es là ?…
MALIKA
Tu m'as dit que je pouvais venir…
KYLIAN
Y a pas de souci.
MALIKA
Je préfère me cacher. Je veux pas le croiser.

Je remets la chaise en place.

KYLIAN
Ça va ?
MALIKA
Oui.

J'hésite à le dire. « Oui », c'est pas vraiment ça. Je me pince le nez, ça ravale les larmes parce qu'en vérité, ça monte vite.

KYLIAN

Le Planning t'a rappelée ?

MALIKA

J'y retourne demain.

Je m'assois. Kylian aussi. On s'installe l'un à côté de l'autre. On se souvient, mot pour mot, ou presque.

KYLIAN

On arrive pour 6 heures. On a mis un moment à trouver.

MALIKA

La femme à l'accueil dit qu'ils ouvrent tard, que pas d'inquiétude, qu'ils savent bien que les jeunes peuvent moins facilement venir la journée.

KYLIAN

Elle a une écharpe rose fluo, elle vapote un truc à la fraise.

MALIKA

Elle demande pourquoi on vient.

KYLIAN

Si c'est pour un test IST.

Je capte pas tout de suite qu'elle pense qu'on est un couple.

MALIKA

« Je veux avorter. »

KYLIAN

T'as sorti ça direct.

MALIKA

Tu voulais que je dise quoi ?

KYLIAN

Je veux voir un médecin. Pour commencer.

MALIKA

Je voulais pas perdre de temps.

KYLIAN

Elle dit que quelqu'un est disponible tout de suite pour une consulte. Elle demande si tu veux que je vienne. Tu réponds que oui. Là, j'avoue, je panique un peu.

MALIKA

Mais tu me suis.

On nous fait entrer dans une salle au fond. Au plafond, le néon jaune n'arrête pas de grésiller. Je pense à Gisèle Halimi à ce moment-là. Je revois son visage et je pense aussi à ma grand-mère, à ma mère.

KYLIAN

T'as peur, tu trembles.

Une femme entre et s'assoit face à nous. Blonde. Une grosse ride au-dessus des lèvres et une montre dorée. Une dent sur le devant de cassée.

MALIKA

La soixantaine. Jacqueline. Sage-femme.

KYLIAN

Elle dit : « Dites-moi tout. »

Et là, tu te mets à pleurer. Tu pleures sans t'arrêter et je sais pas quoi faire, je sais pas quoi dire.

MALIKA

Elle me demande quel âge j'ai, si quelqu'un sait que je suis là, si tu es mon petit ami.

KYLIAN

Je réponds à ta place.

Je pose ma main sur la tienne, vite fait, discrètement sous le bureau. Tu trembles encore. J'enlève ma main. Je suis pas doué pour réconforter les autres.

MALIKA

Elle me demande quand ça s'est passé.

Je lui dis que j'ai toujours pris la pilule sauf une fois mais qu'on a fait attention.

Elle dit que les accidents, ça arrive.

KYLIAN

Je sors de la salle, je tiens plus, je vais aux chiottes.

MALIKA

Elle me demande de lui décrire ce qu'on a fait. Elle s'excuse, elle dit que c'est médical, que c'est pour être sûr. Je lui dis ce que l'infirmière m'a dit.

KYLIAN

Je pisse et je compte les carreaux au mur dans les toilettes, je me lave deux fois les mains.

MALIKA

Tu fais durer.

Jacqueline dit que oui, ça doit être ça, le precum.

KYLIAN

Quand je rentre dans la salle à nouveau, tu pleures plus.

GISÈLE HALIMI

Je suis là

MALIKA

Elle me demande si j'ai pris ma décision seule et si mes parents sont au courant.

KYLIAN

Le néon au-dessus de nous déconne de plus en plus. Encore cinq minutes et on sera dans le noir complet.

MALIKA

Elle demande si le garçon sait.

KYLIAN

Tu dis que oui. Elle écrit son prénom. Elle se trompe sur l'orthographe. Morten, elle a jamais entendu.

MALIKA

Blanc, silence. Dès que je prononce son prénom, ça me fait ça maintenant. J'ai plus envie de dire un mot.

Agitation dans la pièce d'à côté. L'infirmière bouge un meuble. Un coup d'œil à la chaise contre la porte qui ne bouge pas d'un millimètre.

MALIKA

T'as vu Morten ?

KYLIAN

Oui.

MALIKA

Tu lui as dit que t'étais venu au Planning avec moi ?

KYLIAN
Non.
J'ai gardé le secret comme tu m'as demandé.

Kylian étend ses jambes immenses à côté des miennes. Il croise les bras. Ses pieds font des ronds. Il sort sa marionnette de son Eastpak et la pose sur le sol. Elle ressemble à une poupée russe, enfin ce que j'imagine être une poupée russe, le visage carré et les joues creusées, cirées. Ni fille ni garçon. Les fils de la marionnette sont reliés à une sorte de double croix en bois.

KYLIAN
Tes parents ont pas capté ?
MALIKA
J'ai dit à ma mère que Morten était privé de sortie à cause des tags, que c'est pour ça qu'on se voyait pas. Elle a fait un ou deux commentaires, c'est tout.
Chez moi, c'est tranquille. On me laisse tranquille. Mes parents sont cool.
… Le plus dur, c'était de pas pleurer.
KYLIAN
Tu pleures souvent ?
MALIKA
Et toi ?
KYLIAN
Jamais.

Il sourit et j'aime bien son visage quand il sourit. Ça lui change le regard.

MALIKA
J'ai peur que ma mère sente le truc.
Elle finit toujours par deviner.
On dirait qu'elle a un radar dans le nez.
KYLIAN
Le mienne le saurait pas. Elle le verrait pas.
Elle est dans son monde, moi dans le mien.

Il s'arrête net de parler et regarde le portrait de Gisèle Halimi au mur. Il oblique un peu la tête.

KYLIAN
Beyoncé penche.
Il tient jamais droit ce cadre.

Il se lève et le remet à sa place, en équilibre sur un clou. Il sort un autre cadre qu'il accroche au mur, juste à côté de celui de Gisèle.

MALIKA
C'est qui ?
KYLIAN
Une femme que je connais pas.
C'est l'infirmière qui m'a dit que je pouvais accrocher une photo de quelqu'un qui m'inspire, que ça pourrait m'aider. Elle a insisté.
... J'ai trouvé personne, alors j'ai pris ça, la photo qu'était déjà dans le cadre.

MALIKA

T'admires personne ?

KYLIAN

Le seul que j'admirais, c'était mon père, mais je me vois pas mettre une photo de lui ici.

Ça ferait un peu trop glauque.

MALIKA

Pourquoi ?

KYLIAN

Parce qu'il est mort et que…

MALIKA

Ça, je sais, mais qu'est-ce que ça peut faire que tu mettes une photo de lui ici si t'as envie ?

KYLIAN

J'ai peut-être pas envie.

Toi, tu mettrais une photo de qui ?

MALIKA

De ma grand-mère.

KYLIAN

Elle s'appelait comment ?

MALIKA

Raffia.

Je jette un coup d'œil au portrait de Gisèle et à la marionnette face à nous. Kylian s'en saisit, dénoue les fils. La marionnette se fléchit, ses épaules tombent, ses genoux plient. Elle marche vers moi. Peu à peu, elle relève le torse. Un simple détail et j'ai l'impression qu'elle devient quelqu'un d'autre. Le petit sourire sur le devant de sa tête ronde en bois, c'est un peu flippant – sur-

tout si je pense aux films d'horreur avec des poupées sanglantes dedans – mais sans ça, c'est beau à voir.

MALIKA
... Je te trouvais bizarre avant.
KYLIAN
C'est mon côté sauvage, ça plaît ou ça plaît pas.
MALIKA
Je pensais que tu m'aimais pas.
Tu restais jamais avec nous.
KYLIAN
Je suis un solitaire. Et Morten, dans sa version amoureux, c'est pas celle que je préfère.

La marionnette continue sa marche lente autour de nous.

MALIKA
Il pense que j'ai couché avec un autre mec. Qu'il pense ça, ça me dégoûte.
KYLIAN
Je veux pas prendre sa défense, mais il pouvait pas imaginer que...

Silence. La marionnette s'arrête, les yeux fixés sur moi.

KYLIAN
Tu vas rester longtemps sans lui parler ?
MALIKA
Je sais pas.

Il tire sur d'autres fils qui actionnent la tête de la marionnette. Elle penche, ça lui donne un air triste.

MALIKA
Morten dit que t'es doué.
Et sa mère, elle dit que c'est ton avenir, que c'est ce que tu devrais faire, que t'es un artiste.
KYLIAN
Elle dit ça ?
MALIKA
Je l'ai entendue, une fois.

La marionnette tourne tout doucement sur elle-même.

MALIKA
Elle s'appelle comment ?
KYLIAN
Elle s'appelle pas. Elle est *gender fluid.*

Il fredonne un air et la marionnette se met à danser.
Le corps en bois enchaîne les petits pas, se soulève du sol et retombe sur ses pieds. Et puis son téléphone vibre, une fois, deux fois, trois fois. Il déverrouille d'une main son écran.

MALIKA
C'est Morten ?
KYLIAN
Non.

MALIKA
C'est Gabrielle ?
KYLIAN
…
MALIKA
… Je vous ai vus plusieurs fois ensemble.
T'es le premier garçon que je rencontre qui est comme ça. Ace.

Il stoppe net les mouvements de la marionnette qui retombe au sol.

KYLIAN
Morten t'a dit ?
MALIKA
Oui.
KYLIAN
Il sait pas se taire, ce mec.
MALIKA
T'as déjà fait l'amour ?

Il approche la marionnette tout près de moi.

KYLIAN
Tu sais pas te taire non plus ?

Je sais, je suis curieuse. Curieuse et insistante. Alors j'insiste.

MALIKA

T'as pas aimé ?

KYLIAN

C'est pas ce que je préfère.

MALIKA

Ma première fois, c'était avec Morten.

KYLIAN

Je sais.

Il m'a saoulé avec ça pendant des semaines.

MALIKA

Ta mère, elle sait que t'es Ace ?

KYLIAN

Non, mais elle me demande pourquoi j'ai pas de copine.

Elle croit que je suis gay. Ou bi. Ou « un de ces machins à la télévision ».

Je la laisse croire.

Des fois, je m'invente une meuf, juste pour qu'elle me lâche.

On entend frapper, une frappe lourde contre la porte. Je me paralyse.

MORTEN

Y a quelqu'un ?

C'est lui, c'est sa voix. Je pose mon index sur mes lèvres, je raccourcis la distance entre mes paupières et mes yeux, his-

toire que tous les pores de ma peau de mon visage hurlent le mot « SILENCE » ! Kylian se penche et se met presque à terre, la marionnette écrasée sous son poids. Je passe en mode chuchotement.

MORTEN
Y a quelqu'un ?

La chaise contre la porte tremble un peu, la poignée s'abaisse.

MALIKA
Ne réponds pas.
Ne bouge pas. Il va partir.

On attend là, immobiles.
On entend ses pas s'éloigner et on se relève tout doucement, sans faire de bruit.
La marionnette a à nouveau ses fils tout emmêlés.

KYLIAN
Faut que tu parles avec lui.
MALIKA
Pas maintenant.
KYLIAN
J'aime pas ça, être entre vous.

J'arrache les petites peaux autour de mes ongles.
Kylian dénoue les fils de sa marionnette.

Je voudrais qu'il ne parle que de ça : de marionnette, de technique, de fils, de bouts de bois qu'on fait avancer comme on veut. Je voudrais être encore pour quelques jours comme cette marionnette : que quelqu'un tire les fils, aille prendre les médicaments à ma place, s'endorme, se réveille et que ce soit fini.

CARNET DE RAFFIA

5 avril 1971

Ça y est, le manifeste des 343 salopes (Comme Charlie Hebdo l'a rebaptisé) est sorti ! Le gouvernement a dû abandonner un projet de loi qui mettait à mal (encore) la protection du corps des femmes ! Quel retentissement ! On reçoit des messages au Planning, des messages de soutien et des messages d'insultes, d'hommes et de femmes qui nous traitent de putes. Gisèle elle-même a été agressée, heureusement Claude n'était pas loin et il l'a défendue. « C'est bon signe, répète-t-elle, s'ils s'excitent, c'est très bon signe. Ça veut dire qu'ils sentent que le vent tourne ! » J'ose espérer que ce sera vraiment le début d'une réelle transformation de la société.

KYLIAN

Salle de repos

Malika, Kylian

De retour dans mon refuge. Malika est là quand j'arrive. Elle lit une sorte de petit carnet. J'enlève mon cuir. En me baissant, mon médaillon s'échappe de sous mon tee-shirt et se balance au bout de ma chaîne. J'essaie de le cacher. Trop tard.

KYLIAN
C'est un médaillon, un… cadeau.
C'est quelqu'un que j'aime bien qui me l'a offert.

MALIKA
Gabrielle ?

KYLIAN
Non.

MALIKA
Ursule ?

KYLIAN
Qui ?

MALIKA
Morten ?

KYLIAN
Lâche le truc.

MALIKA
Je suis curieuse.

KYLIAN
T'es chiante.

Elle penche son visage vers mon buste. Je sors le médaillon. Elle l'observe, cligne des yeux, puis elle tourne la tête vers moi, bouche ouverte.

MALIKA
La Vierge Marie.
Tu déconnes ?
KYLIAN
Non, c'est la Vierge.
MALIKA
T'es catho ?? C'est pour ça que t'es Ace ? À cause de la religion ? T'es abstinent ?
KYLIAN
Quoi ? Non !
On me l'a offert, c'est tout.
La seule fois où j'ai foutu les pieds dans une église, c'était pour l'enterrement de mon père. Et j'avais aucune idée de ce qu'il fallait faire ou dire.
Mais je sais pas pourquoi, regarder l'image de la Vierge, ça me calme.
J'y peux rien.
Si on m'avait offert un médaillon avec un dauphin, ça m'aurait peut-être fait pareil.
MALIKA
Tu crois en Dieu ?
KYLIAN
Je sais pas répondre à cette question.

MALIKA

Moi, j'y crois pas.

Chez moi, on croit pas en Dieu.

... Tu voudrais pas prier pour moi ?

KYLIAN

Mais tu viens de dire que t'y croyais pas !

MALIKA

Au cas où. Tu veux bien ?

KYLIAN

Tu te fous de ma gueule ?

MALIKA

Non.

Demande... que ça se passe bien pour moi et que ma mère l'apprenne jamais.

KYLIAN

Et je demande à qui ?

MALIKA

À qui tu veux. Bouddha, il a l'air cool. Ou à la Vierge, mais elle fait un peu déprimée.

KYLIAN

Je prie pas. Et même si je priais, ça marcherait pas.

MALIKA

Et les miracles ?

KYLIAN

Les miracles, c'est pas pour moi.

On colle toujours les affiches de No Kids ce soir ?

MALIKA

Oui, après les cours.

Tu feras une prière pour moi ?... S'il te plaît...

Je cale mon sac sur mon dos, je déplace la chaise le médaillon bien caché sous mon tee-shirt et je sors.

KYLIAN

5 heures devant la grille.

MORTEN

Chambre de Morten

Kylian, Morten

Assis sur mon lit, je scrolle sur TikTok. J'ai enfin récupéré mon portable. Je vois une série de chutes, des mecs qui se filment en train de se jeter du haut d'une terrasse sur un trampoline. C'est le nouveau défi à la mode. Je le ferais bien, pour passer le temps, mais j'ai ni terrasse ni trampoline.

Kylian est en retard. Il est toujours en retard. Je déteste ça quand je suis obligé de l'attendre. Il dit que c'est à cause de sa mère mais j'y crois pas. Sa mère, elle est jamais là.

Il arrive enfin. Il hésite à entrer mais il entre quand même, il s'assoit pas, il reste debout près de la fenêtre.

MORTEN

Elle refuse toujours de me parler, elle répond pas à mes SMS.

… J'ai vraiment merdé.

KYLIAN

Tu pouvais pas deviner ce qui s'est passé.

MORTEN

Regarde, elle m'a envoyé ça, le résultat de sa prise de sang.

Y a écrit hCG : 350 UI/L. Démerde-toi. Pas un mot.

Heureusement que y a Siri.

SIRI

« La hCG est une hormone sécrétée par le placenta. Elle permet de savoir si une femme est ou non enceinte. »

MORTEN

Elle me dit plus un mot, comme si on se connaissait pas. Elle me tèj dès que j'approche.

J'ai les larmes qui me montent aux yeux.

Je voulais pas. Pas si vite. Pas comme ça.

Je bâille un grand coup pour faire croire que c'est ça qui me fait pleurer. Kylian est toujours près de la fenêtre. Il mate les pigeons.

MORTEN

Malika, c'est l'amour de ma vie.

Si elle m'avait dit qu'elle le gardait, j'aurais assumé. Mes parents auraient vrillé net mais j'aurais assuré.

KYLIAN

Tu délires.

MORTEN

Nan, je l'aime.

KYLIAN

T'es No Kids !

Elle aussi !

MORTEN

Je te dis *si* elle m'avait demandé…

KYLIAN

Elle veut pas le garder.

MORTEN
Et moi ? Elle veut encore de moi ?
Elle te dit quoi ?
KYLIAN
Elle dit rien.
MORTEN
J'ai passé huit mois à essayer de vous rapprocher et c'est maintenant que ça se passe ?

Il remue sa jambe et son talon tape sur le sol, comme sa marionnette quand il l'a fait marcher. Il a le même foutu tic.

MORTEN
Je veux qu'elle me parle, je veux qu'elle me pardonne, je veux pas qu'on se sépare.
Tu sais quand ce sera le jour où... ?
KYLIAN
Vois ça avec elle.
Je veux pas être entre vous deux.
MORTEN
Elle veut plus me parler !

Il a envie d'abréger, ça se sent. Je le connais par cœur. Sa jambe s'active de plus en plus. Il se dirige vers la porte.

MORTEN
Tu reviens après les cours ?
KYLIAN
Non, ma mère m'attend.

MORTEN
Ça va mieux avec elle ?
KYLIAN
Mieux, c'est pas une option chez moi.

GROS PLAN / KYLIAN ET MALIKA

KYLIAN
Salle de repos
Kylian, Malika

KYLIAN
Je me suis fait plaisir, papa.

J'ai aligné cinq affiches sur le mur de ton usine.

No Kids, ça veut dire No Kids à l'usine aussi. Ça évitera que d'autres crèvent à cause des machines et des produits chimiques.

Je vois bien que maman voudrait que je bosse là-bas cet été.

Elle dit que ça me fera de l'expérience, mais je veux pas d'une expérience de merde.

Ce médaillon, je l'ai toujours autour du cou, il me porte chance.

Je leur dis pas, je dirai jamais à personne que je lui parle à la Vierge.

Que je te parle à toi, que je parle aux morts.

Que je préfère parfois ça que de parler aux vivants.

Je sais pas ce qu'on devient après la mort mais ça me plaît de penser que c'est pas la fin, que si ça se trouve, on devient des anges, des putains d'anges avec des belles gueules et qu'on n'a plus jamais mal. Je crois pas qu'on crève et c'est tout.

C'est pas par lâcheté que je dis ça, c'est parce que ça me fout en rage de penser que ça peut être autrement.

Je lui parle à la Vierge, comme je te parle, papa, je lui dis tout.

Ça me fait du bien.

Ça me calme.

Ça doit ressembler à une prière parce que je lève les yeux au ciel, mais c'est yeux levés et c'est tout. Le reste, je fais pas.

J'ai regardé sur le net. Je suis pas fou. Plein de gens font ça. Juste, ils la ferment et ils gardent le secret. Au Mexique, les familles, elles mettent la table avec un couvert en plus pour celui qui est mort. C'est pareil. Elles font comme si le mort était pas mort.

Je m'interromps, je prends le médaillon dans ma main, je lève les yeux au ciel.

... Est-ce que vous pourriez faire en sorte que ça se passe bien pour Malika et Morten ? C'est la merde pour eux, c'était pas censé se passer comme ça, c'est... je rentre pas dans les détails, bref.

Juste ça ?

S'il vous plaît ?

Ça sonne pile à ce moment-là. Je reste immobile. Je suis dans cette position quand Malika entre. Je lâche vite fait le médaillon.

MALIKA

Tu priais ?

KYLIAN

Non.

MALIKA

Si, tu priais.

T'es trop mignon.

Tu crois que ça va marcher ?

KYLIAN

On descend ?

J'ai envie de me fumer une clope.

MALIKA

J'ai remarqué que quand ils prient, ils font la gueule. Jamais personne ne sourit dans les églises ou dans les mosquées.

KYLIAN

Je suis pas un spécialiste.

MALIKA

T'es le seul que je connaisse qui aime bien la Vierge Marie.

Chez moi, on prie pas.

KYLIAN

Chez moi non plus.

Je sors mon paquet de tabac. Je mets le nez dedans. J'adore respirer cette odeur.

Malika me fixe Elle dit plus un mot.

KYLIAN

T'as l'air déçue ?

MALIKA
C'est… Je pensais que ça m'aiderait.
Que je me sentirais mieux, tout de suite.
KYLIAN
C'est pas Disneyland.
Et puis je sais pas prier, je te l'avais dit.
Je suis meilleur pour me poser des questions.
MALIKA
Comme ?
KYLIAN
Tu te poses pas de questions ?
MALIKA
Si. Plein.
KYLIAN
Ben voilà.

Je commence à me rouler une clope. J'étale le tabac sur la feuille de papier.

MALIKA
Tu te poses quoi comme question en ce moment ?
KYLIAN
Pourquoi tu parles pas à Morten ?
MALIKA
Sérieux ?
KYLIAN
Sérieux.
MALIKA
Je veux pas le voir.

KYLIAN

Tu pourrais lui dire au moins quand ça va se passer.

MALIKA

La sage-femme dit qu'il faut dire le mot.

Tu dis jamais le mot.

KYLIAN

Quand tu vas avorter.

Un coup de langue pour coller le papier et finir de rouler ma clope. Elle est parfaite, pas un défaut.

MALIKA

Je veux pas qu'il vienne.

KYLIAN

Tu retournes quand au Planning ?

MALIKA

Demain pour le dernier entretien, avant de prendre les médicaments.

Je cale ma cigarette dans la poche de ma veste, je m'approche de la porte.

KYLIAN

Tu veux que je vienne avec toi ?

MALIKA

Non. J'y vais avec l'infirmière.

KYLIAN

OK.

MALIKA

Et comment je vais faire avec mes questions si je peux les poser à personne ?

Je me presse, je sors. J'entends sa voix m'arriver dans le dos comme un courant d'air.

MALIKA

Tu les poses à qui, toi, tes questions ?

CARNET DE RAFFIA

Avril 1971

Je suis enceinte…

Ça n'était pas prévu.

Je l'ai annoncé hier à Mahmoud qui a bondi de joie dans ma cuisine en me disant à quel point il m'aimait et à quel point il était heureux. J'ai pas le même enthousiasme. On ne vit même pas ensemble et on se voit depuis si peu de temps… Je l'aime mais…

Je prends pourtant la pilule depuis un moment. Il faut voir le regard du pharmacien quand j'arrive avec ma prescription d'Orgamétril. Une femme un jour n'a pas attendu que je sorte de l'officine pour me traiter de pute : « Toutes ces putes avec leurs pilules. »

J'ai dû oublier de la prendre un soir.

Il suffit d'une fois.

MALIKA
À l'infirmerie
Malika

L'infirmerie est vide. Je rentre, je m'assois. Un coup d'œil sur une des dalles du carrelage au sol, abîmée et contre laquelle mon pied vient de buter. Mes yeux se posent sur l'affiche du Planning sur le panneau en liège.

Je suis les étapes, comme dit l'infirmière. Avorter, c'est comme suivre un plan de dissert dont je serais le sujet principal. Pas Voltaire ou Rousseau, mais Malika et son utérus. T'as des tas d'étapes à suivre. C'est long et crevant.

Je me souviens du dernier entretien. Ça me revient par flashs. J'entends la voix de la sage-femme, celle de Gisèle Halimi. Je me souviens de tout.

LA SAGE-FEMME

« Je suis obligée d'attirer ton attention sur les conséquences de ton acte. Un avortement n'est jamais anodin… »

MALIKA

Elle laisse un silence et elle me regarde. Pas méchamment, gentiment même, mais ça devient un supplice de parler de ça. Je me sens bizarre, je vois ses lèvres bouger comme si j'étais dans le brouillard, comme si j'avais quelqu'un devant moi qui parlait au ralenti.

LA SAGE-FEMME

« Tu n'auras peut-être pas d'enfants plus tard. »

MALIKA

Gisèle, au secours !

GISÈLE HALIMI

Je suis là.

MALIKA

Je lui dis que j'en veux pas.

LA SAGE-FEMME

« Tu dis ça maintenant mais… »

MALIKA

J'enchaîne pas sur No Kids. De toute façon, personne ne me croit.

Personne ne pense que je tiendrai parole.

Gisèle…

GISÈLE HALIMI

C'est bientôt fini. Tiens le coup…

LA SAGE-FEMME

« Tu n'as pas de question ?

Alors signe là.

C'est un document qui certifie que nous avons bien eu cet entretien.

C'est arrivé à de nombreuses jeunes filles, tu sais… »

MALIKA

Pas chez moi. C'est pas arrivé chez moi.

LA SAGE-FEMME

« On ne se dit pas toujours tout dans les familles. »

… J'ouvre un des carnets de ma grand-mère. Au hasard. J'aime bien lire façon random.

CARNET DE RAFFIA

Mai 1971

Je suis prête maintenant, prête et heureuse d'être enceinte. Vraiment.

Je vais devenir maman. Maman d'une petite fille, j'espère, je dois l'avouer, je préférerais une petite fille, le monde a besoin de femmes fortes et libres, plus que jamais.

Si c'est une fille, je l'appellerai Élisabeth, Gisèle, Simone.

Elle ne pourra pas avoir plus de bonnes fées penchées sur son berceau.

Mais pourquoi je lis ça aujourd'hui ?

Soit le hasard a de l'humour, soit c'est un pervers. Au choix.

MALIKA

L'infirmerie

Malika, l'infirmière

La porte s'ouvre et l'infirmière arrive. À peine assise à son bureau, elle sort un paquet de Dragibus de son sac et m'en tend un. Elle fait souvent ça avec nous, elle nous donne des récompenses, elle dit que les douceurs, ça aide à passer toutes les douleurs.

L'INFIRMIÈRE
Morten n'est pas avec toi ?
MALIKA
Non.

Deuxième Dragibus. Troisième.

L'INFIRMIÈRE
Vous vous parlez tous les deux ? Il connaît ta décision ?
MALIKA
Oui.
L'INFIRMIÈRE
Et lui ? Qu'est-ce qu'il en pense ?
MALIKA
C'est pas son corps !
C'est pas son ventre !
C'est pas son choix !

L'INFIRMIÈRE

Oui, tu as raison mais c'est aussi votre histoire.

La décision est la tienne, mais c'est juste aussi de lui en faire part.

Je peux organiser un rendez-vous ici, avec moi.

Ce sera peut-être plus facile de discuter avec un tiers.

MALIKA

Vous étiez là.

Il a cru que j'avais couché avec un autre garçon.

Il me dit que je suis l'amour de sa vie et juste après, il pense que je couche avec un autre.

Il ment, c'est ça que ça veut dire.

Il ne m'aime pas autant qu'il le dit.

L'INFIRMIÈRE

Il a paniqué.

MALIKA

Vous êtes de son côté ou quoi ?

L'INFIRMIÈRE

Je ne suis du côté de personne.

J'essaie de vous aider tous les deux à traverser ça.

Quatrième Dragibus. Le cinquième, je le refuse. La sonnerie du lycée retentit. Encore ce son discontinu, désagréable. Au mur, l'horloge ne donne pas la bonne heure. La petite aiguille hoquette un instant, court l'espace de dix secondes et s'arrête. On a l'impression d'être hors du monde ici.

MALIKA

... Je suis No Kids, madame. Je milite pour qu'on soit moins sur la planète. J'aurai jamais d'enfants, c'est pas dans mes plans.

L'INFIRMIÈRE

... Les murs tagués. C'était toi ?

MALIKA

Moi et Morten.

Elle laisse un blanc en me fixant de son regard un peu Jedi (Kylian m'en a parlé, j'avais jamais fait attention mais il a raison).

L'INFIRMIÈRE

Tu peux te sentir libre de penser autrement que ce que tu as toujours pensé...

Le paquet de Dragibus est grand ouvert. J'y touche plus.

L'INFIRMIÈRE

Je vais te donner un exemple qui concerne ma vie privée...

Je mets en place dans ma tête le manifeste de survie spécial conçu pour ces moments-là, quand tu sais que tu vas entendre des choses que t'as pas du tout envie d'entendre...

On a fait ça avec Morten un jour en perm :

MANIFESTE DE SURVIE À L'USAGE DES ADOS QUAND DES ADULTES NOUS PARLENT DE LEUR VIE EN MODE « COMPLICES »

— Sourire ou faire franchement la gueule si c'est tragique et chanter dans sa tête quelque chose, n'importe quoi, même bla-bla-bla, ça marche.

— Acquiescer tous les deux cents mots environ, par politesse. T'es pas passionné mais t'es pas indifférent.

— Trouver une raison de partir quand ça dure et ça, même si t'aimes bien la personne que t'as en face de toi (un truc qui fait qu'on va te laisser partir), sinon ça les vexe et après, c'est encore pire.

— En cas d'extrême urgence ou d'ennui mortel ou de gêne XXL, couper la parole, la jouer ferme.

L'INFIRMIÈRE

Je suis moi-même noyée dans mes paradoxes. Je vote écolo et je prends l'avion plusieurs fois par an par exemple.

L'infirmière laisse encore un silence, pour que je m'imprègne bien de ses paroles.

Clara Luciani tourne en boucle dans mon cerveau. J'acquiesce un petit coup à ce qu'elle me dit. Je connais la tactique.

L'INFIRMIÈRE

C'est ça, être vivant : danser en permanence sur le fil de ses paradoxes.

Je marque un oui de la tête, trois fois de suite. Même si je pense : « C'est pas être vivant, ça, c'est être lâche. »
Clara en fond, toujours.

L'INFIRMIÈRE
J'ai aussi été amoureuse et…

Je coupe court.

MALIKA
Madame, je veux pas de cet embryon.
C'est ce que je ressens.
Je veux pas d'un bébé.
Je veux une vie.
Je veux ma vie.

KYLIAN

Salle de repos

KYLIAN

J'aime bien Gabrielle.

Elle est pas comme les autres filles et je vois bien que je lui plais.

Je vais devoir lui dire que le sexe, ça m'intéresse pas.

Être plus cash. Qu'elle se fasse pas d'illusions.

J'ai essayé avec une fille avant, une fille que j'aimais vraiment bien, je me suis forcé jusqu'au bout et j'ai pas aimé.

Vraiment pas.

Ou pour être plus clair : j'aime bien me branler mais j'aime pas faire l'amour.

Ça m'arrive encore de penser que je suis malade ou que j'ai un truc dans le cerveau qui s'est coupé, que c'est pas normal.

Mes potes attendent que ça quand ils sortent avec une fille.

Moi, je redoute que ça.

Le moment où.

Je suis peut-être un demi-mec. Ou une moitié d'homme.

Ou comme dirait ma mère : «… vraiment pas le fils de ton père ! »

MORTEN

Chambre de Morten.

MORTEN

Je peux pas lui dire ce que je ressens puisqu'elle veut plus me parler, alors je vais le dire à la planète entière.

J'ai plus rien à perdre.

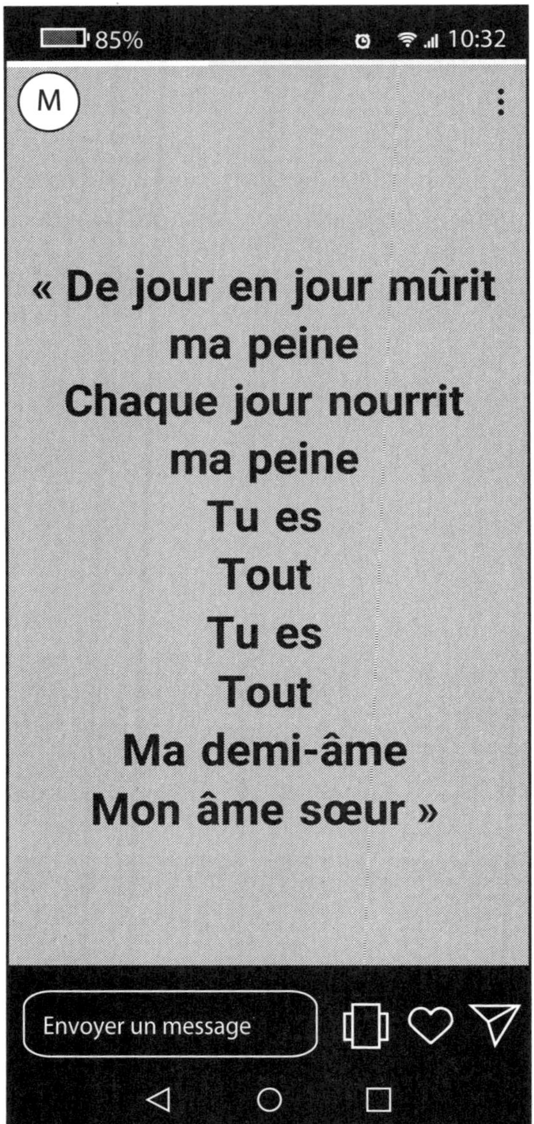
85%
10:32
M
« De jour en jour mûrit
ma peine
Chaque jour nourrit
ma peine
Tu es
Tout
Tu es
Tout
Ma demi-âme
Mon âme sœur »
Envoyer un message

MORTEN
J'identifie Malika, direct.
Avant elle likait dans la seconde.
Mais là, pas de réponse.
Grand blanc.
Grand silence.
Grand vent.
Je sais plus quoi faire.

KYLIAN

Salle de repos

Malika, Kylian

Je frappe trois fois, j'entre. Elle est assise par terre, la tête entre les mains. Je pourrais me barrer mais je la laisse pas là, pas comme ça. Je m'assois à côté d'elle, je la laisse même poser sa tête sur mon épaule. Je suis toujours pas doué pour réconforter les autres.

MALIKA
J'ai peur.
KYLIAN
T'as peur de quoi ?
MALIKA
D'avoir mal.

J'enlève ma chaîne autour de mon cou, je fais glisser le médaillon dans ma main et je le lui tends.

KYLIAN
Pour les jours où tu prendras les médocs, les jours où t'auras peur, où t'auras besoin de jamais te sentir seule.
MALIKA
Merci mais t'y tiens beaucoup.
KYLIAN
Je te le prête.

Elle l'accroche à son collier. Je me sens un peu bizarre, comme quand on perd un truc auquel on tient. Un peu à poil, un peu sec. Elle remet sa tête sur mon épaule. Jamais une fille a fait ça avec moi, une fille que j'embrasse pas.

MALIKA
Ça me va bien ?

Je tourne la tête, je regarde en biais ses joues, son cou, et le collier.

KYLIAN
On dirait une sainte…
MALIKA
T'es con.

Je lève les bras comme si j'étais un homme politique devant son pupitre, quand il gueule sur la foule.

KYLIAN
Sainte Malika, priez pour moi…
No Kidien, No Kidienne… Répétez après moi… ! Vous n'aurez pas d'enfants !
MALIKA
« Vous n'aurez pas d'enfants ! »
KYLIAN
No kids but a… planet.
No Kidien, No Kidienne, pensez à la planète !

MALIKA

Voyez comme elle souffre !

KYLIAN

Comme elle en bave ! No Kidien, No Kidienne...

Je sens un vertige. Merde. Je pose une main sur le sol, je fixe un point.

MALIKA

Ne pensez pas que ça nous amuse, que ça nous enchante, mais *No kids but a future !*

Elle lève les bras à son tour et les agite comme si elle était dans la fosse à un concert de rock.

Je reste immobile les yeux bien fixes, je commence à avoir des suées.

MALIKA

… Ça va ?

Qu'est-ce qui t'arrive ?

KYLIAN

Ça va passer.

Putain, pas devant elle. Pas devant elle.

MALIKA

T'inquiète pas, j'ai fait la formation premier secours.

Ça siffle tellement dans mes oreilles que j'ai l'impression d'avoir quelqu'un qui m'appuie sur le crâne.

Je me cale contre le mur. Elle pose un coussin derrière ma tête.

KYLIAN

Laisse-moi, c'est mieux.

MALIKA

Non, je reste avec toi.

T'es sûr que je peux rien faire ?

Je confirme. Je sens le sol froid sous mes cuisses. J'ai les jambes comme du béton. Même si ça tourne pas, même si je suis dans la bonne position, faut pas que j'essaie de me lever sinon c'est vautrage assuré.

Elle attend. On attend. Elle sort un carnet de son sac à dos.

MALIKA

C'est le journal intime de ma grand-mère. Je te le lis ? Ça t'aidera à penser à autre chose…

J'acquiesce.

5 Novembre 1972

Élisabeth [c'est ma mère] a un an. Elle a déjà son petit caractère. Hier, je l'ai emmenée au manège. Elle ne voulait monter que sur le cheval et impossible de la faire aller ailleurs. Elle a attendu deux tours avant de pouvoir monter dessus, deux tours qu'elle aurait pu faire sur n'importe quel autre animal. En même temps, je ne vais pas me plaindre. J'aime bien son côté têtu. Ça veut dire qu'elle a de la détermination.

Elle joue beaucoup à la poupée avec son père. Elle a décidé, semble-t-il, que c'était, de nous deux, lui le spécialiste.

MALIKA

Je continue ?

Un signe des yeux, c'est oui.

8 novembre 1972

Mahmoud est en grève. L'université a de moins en moins de moyens et les locaux sont insuffisants pour accueillir les étudiants. J'ai emmené Élisabeth avec moi. Elle a fait la joie de tous les collègues de son père. J'aime aller là-bas, pour y manger, pour y voir mon homme et même pour y manifester. J'aime la grande bibliothèque, ces montagnes de livres et d'étagères. J'aime l'odeur des livres. J'ai montré à Élisabeth la grande échelle qui permet de monter à l'étage pour attraper des ouvrages inaccessibles à la main. Ça l'a beaucoup amusée ! Nous avons mangé dans la rotonde, entre les pancartes et les lits de camp (certains étudiants occupent les lieux pour protester). Élisabeth a fait la sieste, tandis que nous discutions. Alors que nous buvions le café, un pigeon s'est écrasé contre la baie vitrée. Ça arrive souvent... L'oiseau ne voit pas le verre et s'écrase dessus. Avec Élisabeth, à son réveil, nous avons dessiné des oiseaux que nous avons scotchés

à plusieurs endroits sur les vitres. Cela pourra donner le signal aux autres volatiles de la présence d'un obstacle.
Quelle journée encore !

Elle s'arrête.

KYLIAN
Continue.
MALIKA
Le carnet est fini. Les autres sont chez moi.

Dommage, ça calmait le bordel en moi.
Malika pose sa main sur mon bras.
On se dit rien.
Mon père dirait : un ange passe.

MALIKA
Ça t'arrive souvent ?
KYLIAN
Ça arrive.
Dis rien à personne.
MALIKA
Promis.
KYLIAN
Jure.
MALIKA
Juré !
Désolée… Je dois y aller. J'ai rendez-vous avec Morten à l'infirmerie.

KYLIAN
C'est pas trop tôt !
MALIKA
Merci encore pour le médaillon.
Je le garde ?
KYLIAN
Carrément.

Je regarde en direction de la fenêtre. Je vois des oiseaux, des nuages, et le soleil derrière.

Je suis content qu'ici les pigeons se fassent pas éclater la gueule. Ils se contentent juste de chier sur les grilles.

KYLIAN
Ta grand-mère, je l'aime bien.
MALIKA
Et t'as rien entendu encore.

KYLIAN

Salle de repos

KYLIAN

Je flippe tellement quand ça m'arrive, papa. C'est comme si quelqu'un prenait le contrôle à l'intérieur de moi et se disait « allez, on va foutre un peu le bordel dans cette tête » et y a rien à faire, mon cerveau répond plus, mon corps non plus. Quand je suis coincé, quand je peux pas te parler, ça m'arrive aussi de mordre quelque chose, le cuir de la lanière de mon sac ou un coussin, j'ai l'air d'un animal, un peu, mais ça me sauve : on me voit pas, on m'entend pas, et c'est mieux pour moi.

À la maison, maman, elle m'entend jamais.

MORTEN

Infirmerie

Morten, Malika, la mère de Morten

J'entre. Je bâille. Malika est déjà là, assise, face au bureau.

J'ai rien dormi cette nuit. J'ai rien dormi parce que j'arrêtais pas de penser à ce rendez-vous avec elle et avec l'infirmière. J'ai imaginé plein de scénarios.

J'ai tout imaginé.

MORTEN
Salut…
MALIKA
Salut.

Accueil glacial. L'infirmière est pas là. Nos regards se croisent, c'est rapide, je m'assois. Malika regarde le panneau en liège face à elle, celui avec toutes les affiches et tous les numéros d'appel. Je fais comme elle, je fixe un point. Je regarde le bureau en bois et je revois encore le stick blanc à deux traits bleus qui a foutu ma vie en l'air. C'est tellement silencieux ici qu'on entend le cliquetis de l'aiguille de l'horloge. Une seconde, c'est comme si c'était une minute.

Je tente un :

MORTEN
Ça va ?

À peine j'ai posé la question que je regrette. Non, ça va pas. Bien sûr que non, ça va pas.

J'essaie de me rattraper.

MORTEN

Enfin, je veux dire, malgré...

Regard noir, encore. Je me tais. Vaut mieux.

Je regarde sur mon portable. L'infirmière a dix minutes de retard. C'est normal. Elle sait jamais où et combien de temps ça va lui prendre quand elle part soigner quelqu'un hors de l'infirmerie. Mais quand même, j'aurais bien aimé cette fois-ci que personne ne tombe dans les pommes ou se fasse une crise d'angoisse.

Faut qu'elle revienne. Ça devient irrespirable ici.

On frappe. Enfin.

LA MÈRE DE MORTEN

Il me semblait bien avoir vu de la lumière...

Ma mère entre, le chignon bien mis et les lunettes qui pendent au bout d'un cordon. Caricature de proviseure puissance mille. Le cauchemar continue.

MALIKA

Bonjour, madame.

LA MÈRE DE MORTEN

Vous n'avez pas vu le panneau à l'entrée ? L'infirmière est en grève, elle ne viendra pas.

Et comme le reste du personnel l'est aussi, et que vous êtes en retenue tous les deux, c'est moi qui vais assurer la surveillance. Je vous attends dans la salle de permanence.

Pas un mouvement chez Malika, pas un mouvement chez moi. Et pas un mot.

Figés comme des statues.

LA MÈRE DE MORTEN
Morten ?
Malika ?
Quelque chose ne va pas ?
MORTEN
C'est bon, on arrive.
LA MÈRE DE MORTEN
Je vous attends.
Ne tardez pas.

Elle sort. On est à nouveau tous les deux. Je me retourne vers Malika. Elle fixe toujours le panneau en liège.

Je me lance. Tant pis si je me fracasse.

MORTEN
… Pourquoi tu veux pas me parler ?
Je me suis excusé.
Je peux m'excuser encore.

Elle serre ses deux narines entre son pouce et son index. Elle reste plusieurs secondes comme ça, comme si elle se coupait volon-

tairement la respiration. J'attends qu'elle mette fin au silence, je flippe de ce qui va en émerger. Je transpire comme si j'avais couru dix kilomètres.

MALIKA
Comment t'as pu penser que j'avais couché avec quelqu'un d'autre ?
MORTEN
Je pouvais pas deviner ce qui s'est passé.
C'était impossible à croire !

Elle essuie le dessous de ses paupières d'un mouvement de la main et avale sa salive. Ses yeux brillent, plus que d'habitude.

MORTEN
Qu'est-ce qu'il faut que je fasse pour que tu me pardonnes ?
J'ai paniqué.
Ça t'arrive jamais de dire des conneries ?

Un œil sur son téléphone qui vient de vibrer.

MALIKA
C'est l'infirmière. Elle reporte à lundi. Elle s'excuse.
MORTEN
Tu vois, elle aussi, elle déconne.
MALIKA
Elle est en grève.

Malika se lève. J'ose pas bouger. J'ai peur d'avoir des vieilles auréoles de sueur sous les bras tellement je transpire. Elle me regarde pas. Pas un coup d'œil depuis que je suis arrivé. Je me sens mal, c'est comme si l'intérieur de moi était encore et toujours brisé.

MORTEN

C'est quand ?...

MALIKA

Dimanche et mercredi. Ce sera en deux fois.

MORTEN

Je peux être là. Je peux venir à l'heure que tu veux.

MALIKA

Je serai déjà avec quelqu'un.

MORTEN

Kylian ?

MALIKA

Ta mère attend.

Faut qu'on aille en colle.

MORTEN

Kylian ??

MALIKA

L'infirmière.

Elle sort.

Quelque chose dépasse de son jean, un mouchoir peut-être ou un bout de papier.

MORTEN
Tu m'attends pas ?

Elle répond pas. Elle est déjà loin.

Je me lève à mon tour. Je pèse trois tonnes. J'ai les pieds aussi lourds que si je marchais dans le béton alors que je fais que marcher sur le carrelage du lycée avec ma mère et son chignon qui m'attendent au bout du couloir.

MALIKA
Salle de repos

La lumière du soleil donne sur le portrait de Gisèle, on dirait que je ne suis pas seule, pas vraiment seule.

MALIKA
Ça fait mal ?
Ça saigne ?
Me… fri… sopone
Mi… fre… pro… stone
Mi… so… prostol
Misoprostol
Misoprostale
Ça fait mal ?
C'est long ?
On le sent ?
Ça tombe ?
Je vais avoir mal comment ?
Des crampes ? Je vais vomir ?
On pleure ?
Ça fait mal ?
Ça saigne ?

Je serre le médaillon de Kylian au creux de ma main.

CARNET DE RAFFIA

22 novembre 1972

C'est le jour du verdict. Toute la presse est là. Gisèle nous a gardé une place dans la salle d'audience, à moi et à mes amies du Planning. Mahmoud a pris sa journée pour garder Élisabeth.

Marie-Claire Chevalier, seize ans, violée, s'est fait avorter et elle va être jugée pour ça. Sa mère a demandé de l'aide à Gisèle qui n'a pas hésité une seconde. Elle sait que beaucoup va se jouer sur ce procès, qu'elle tient une occasion d'obliger le gouvernement à agir et de retourner l'opinion pour qu'elle soit enfin acquise à la cause des femmes ! [...]

Le procès était difficile, je n'ai pas pu être là sauf aujourd'hui et le jour où Gisèle a plaidé. Il fallait la voir, dansant dans le prétoire, avec sa longue frange, envoyant ses grandes mains valser dans l'air. Elle paraissait toujours en mouvement, toujours sûre d'elle, appuyant certains mots avec ce phrasé unique qui est le sien. À la fin de sa plaidoirie, tout le monde était de son côté et de celui de la petite. Tout le monde se sentait femme ce jour-là, opprimée, marginalisée. C'est ce que j'aime croire.

[...]

Le verdict tombe. Honteux. La petite n'est pas condamnée, non pas parce que la justice la considère comme innocente, mais parce que le juge pense que c'est sa mère qui l'a manipulée. La mère doit une amende de 500 francs. Elle n'a plus un sou, elle n'a pas de quoi payer.

J'en pleure.

J'observe Gisèle qui, elle, reste digne. Elle sort du tribunal, victorieuse, et elle le dit à la nuée de journalistes qui l'assaille de micros. Je l'écoute leur répondre. Comme souvent, elle a raison. Elle n'a pas obtenu de relaxe, mais elle a obtenu bien plus : beaucoup sont désormais pour que l'avortement devienne légal.

Quand j'arrive chez moi, je pleure toujours.

Élisabeth vient dans mes bras. Juste après, elle me montre les feuilles, comme à l'université, je crois qu'elle veut qu'on dessine des oiseaux pour les coller sur les vitres.

Je lui dis qu'on va faire mieux que ça et nous nous amusons à les faire voler depuis la fenêtre de l'appartement. Ils volent quelques secondes et redescendent vers le sol en tourbillonnant.

— Les petits oiseaux sont libres, ma chérie.

Elle rit.

Les petits oiseaux et les femmes, bientôt.

C'est promis.

MORTEN

Chambre de Morten

Morten, la mère de Morten

MORTEN

Je vais avoir une petite sœur.

Mme Fomb aka la reine d'Angleterre avoir bébé dans le ventre de spermatos papa.

Une petite sœur.

OK.

Merci papa.

Timing parfait.

Parce qu'en fait, moi aussi, techniquement, pour pas longtemps, je suis comme toi.

Une fille a dans son ventre un micro truc cellulaire de moi.

Ma mère entre.

LA MÈRE DE MORTEN

C'était ton père au téléphone ? Il t'a dit ?

Je reste assis sur mon lit. Sous le choc. Ça s'appelle comme ça, il paraît, quand t'as le regard dans le vide.

LA MÈRE DE MORTEN

C'est une bonne nouvelle !

Je suis contente pour lui.

On est restés en très bons termes, tu sais…
… Tu n'es pas content d'avoir une petite sœur ?
MORTEN
Je m'en fiche.
LA MÈRE DE MORTEN
Qu'est-ce qui se passe ?

Ce petit discours parfait que t'as dans la tête et que tu peux pas dire ? C'est maintenant.
Les mots qui voudraient tellement sortir que ça te chatouille la gorge ? C'est maintenant.
La tête qui hurle de plus en plus fort ? C'est maintenant.

LA MÈRE DE MORTEN
Tu sais que tu peux tout me dire ?
Tu me fais confiance ?
… Morten ?

Maman, je peux pas te le dire. Je suis pas sûr que tu tombes pas direct dans les pommes en l'apprenant.

LA MÈRE DE MORTEN
C'est Malika ? Vous êtes en froid ?

En froid ? En glaciation polaire, oui !

LA MÈRE DE MORTEN
Morten ? Parle-moi…

Ça lâche d'un coup et je me mets à chialer.

MORTEN
Malika est enceinte de moi et elle va se faire avorter sans moi.
Elle fait tout sans moi.
Elle veut plus de moi.

Elle rapproche ses deux mains de son visage et les pose sur ses joues.
Je vois plus ses yeux. Je sais pas ce qu'elle pense, sans doute un truc horrible, mais, très vite, elle vient me prendre dans ses bras.
Sa voix est calme et posée.

LA MÈRE DE MORTEN
Qu'est-ce qui s'est passé ?
Elle a oublié sa pilule ? Le préservatif a craqué ?

Je préférerais apprendre par cœur des formules de maths plutôt que de parler de ça à ma mère. Parler de sexe. Je murmure d'une toute petite voix parce que je continue de chialer :

MORTEN
Le précum.
LA MÈRE DE MORTEN
Le quoi ? Le pré quoi ?
MORTEN
Cum. Précum.

LA MÈRE DE MORTEN
Morten, je comprends rien.
Dis Siri, qu'est-ce que le précum ?
SIRI
« Le précum est le liquide pré-éjaculatoire. Il sort avant l'éjaculation et peut contenir du sperme. »

Je me réfugie sous ma couette. J'entends pas. J'entends pas. Je suis pas là.

SIRI
« Cela peut dans de rares cas provoquer une grossesse notamment lorsque l'excitation des partenaires est très marquée. »

Elle pose sa main sur ma tête.

LA MÈRE DE MORTEN
OK. J'annule mes rendez-vous de cet après-midi.
MORTEN
Non, c'est bon.
Je préfère être tout seul.
LA MÈRE DE MORTEN
Kylian va venir te voir ?
MORTEN
Peut-être.
LA MÈRE DE MORTEN
Ça va aller, mon chéri.

Tu plonges direct dans le monde d'après et l'eau est gelée.

MORTEN

Maman, toi et tes métaphores…

LA MÈRE DE MORTEN

Je veux dire par là que…

MORTEN

Je sais ce que tu veux dire, je suis pas débile.

Je renifle, elle me tend un mouchoir.

LA MÈRE DE MORTEN

Pleure… Ça fait du bien.

MORTEN
Chambre de Morten

MORTEN
Ma playlist pour Malika :

« Premier amour », Nour (c'est pas ma came mais je chiale comme un bébé en écoutant ça. Si Kylian me voyait, il me crucifierait).

« Et même après je t'aimerai », Hoshi (le titre dit tout, non ?).

« As It Was », Harry Styles (pour les fois où on a dansé dessus comme des dingues).

« Too Much », Lou Doillon (pareil, Malika a fait des diagonales là-dessus dans ma chambre plein de fois).

« Je t'ai toujours aimée », Dominique A (lui, c'est ma mère qui l'écoute en boucle, mais là, ça s'y prête à mort).

« Courchevel », Florent Marchet (celle-là, on l'a écoutée des centaines de fois et ça nous faisait penser à un mec de notre lycée, je chantais et elle, elle faisait les chœurs).

« Comment est ta peine », Benjamin Biolay (un truc de vieux pas très jouasse mais ça le fait trop).

« Sad & Slow », Clara Luciani (je vais peut-être m'arrêter là…).

« Diamonds in the Mine », Piers Faccini (on l'a écoutée tous les deux la dernière fois qu'on a fait l'amour, juste après).

Parfait équilibre entre messages perso et souvenirs.
Je lui envoie le lien sur Spotify.

Je croise les doigts.
C'est pas toujours exactement ce que je veux dire, mais je trouve pas mieux que les paroles des chansons pour dire l'amour.

MORTEN

Chambre de Morten

Morten, Kylian

MORTEN

Cool que tu sois là.

Faut que tu m'aides avec Malika.

J'ose pas aller chez elle.

KYLIAN

J'ai une idée.

Tu te bouges, tu la trouves, tu lui parles et vous me lâchez.

MORTEN

Pas devant les autres.

Y a déjà assez de rumeurs sur nous.

Je pensais que tu pourrais l'appeler ?

Lui donner un rendez-vous et c'est moi qui me pointe ?

KYLIAN

On se donne pas de rendez-vous. On se voit qu'au lycée.

MORTEN

Dis que t'as besoin d'aide pour… je sais pas.

KYLIAN

J'aime pas ça, baratiner.

MORTEN

Allez !

KYLIAN

C'est ça le plan ?

Tu me dis de passer et on va encore parler de Malika pendant deux heures ?

MORTEN

Tu comprends pas ?

Il attrape son paquet de tabac dans la poche de sa veste en cuir et commence à se rouler une cigarette.

KYLIAN

Je comprends très bien. Je descends fumer une clope.

MORTEN

Ouvre la fenêtre.

KYLIAN

Ta mère gueule quand je fais ça.

MORTEN

C'est pas grave.

Clope à la bouche, il s'approche de la fenêtre. Il l'allume, tire une première bouffée. La fumée entre dans ma chambre. Je secoue les deux mains pour la faire disparaître.

MORTEN

Ou tu lui dis que t'as un truc super important à lui dire mais en face ?

J'ai envie de la voir.

Faut que je la voie avant… tu sais quoi.

KYLIAN

T'es lourd.

MORTEN
Je l'aime.
KYLIAN
Elle viendra pas.
MORTEN
File ton téléphone. J'essaie.

Il me le tend. Je rédige mon message SOS. Elle répond dans la seconde.

MORTEN
Elle demande où t'es.
KYLIAN
Putain, j'aime pas ces plans !
MORTEN
T'es où ?
KYLIAN
Devant le kebab.

Je tape le message à toute vitesse.

MORTEN
On y va.
KYLIAN
Quoi, on ?
T'y vas tout seul et tu te démerdes.
MORTEN
Allez…

KYLIAN
Je rentre chez moi.
MORTEN
Je te suis.

Je mets la dernière casquette que je me suis achetée – tellement neuve qu'elle sent encore le plastique –, je blinde mes aisselles de déo. Le téléphone vibre.

KYLIAN
Elle peut plus, sa mère vient juste de rentrer.

Je le vois taper un message à toute vitesse entre deux taffes.

MORTEN
Qu'est-ce que tu lui écris ?
KYLIAN
Qu'un cinglé a piqué mon téléphone.
MORTEN
Arrête !
KYLIAN
Tranquille. Je lui dis que c'est OK, que je vais passer te voir. Parce que t'es MON POTE, mon MEILLEUR pote et que si un jour, je suis vraiment dans la merde et que j'ai besoin d'aide, c'est TOI que j'irai voir.
MORTEN
Ou alors j'escalade le mur du jardin, je monte sur le toit de son garage, j'envoie des petits cailloux sur sa fenêtre ? Comme Roméo avec Juliette ?

KYLIAN
Ou alors tu sonnes à sa porte.

Son téléphone vibre encore. Je penche la tête vers son écran.

MORTEN
C'est elle ?

Un temps.

KYLIAN
C'est Emmaüs. Ça t'intéresse ? J'ai une notif d'un pote qui me prévient qu'ils ont entré un nouveau canapé.
Parce que tu vois, le nôtre est tellement défoncé que les ressorts nous piquent le cul.
C'est fun.
T'en veux un ?

Il écrase sa cigarette contre le rebord de la fenêtre et sort. Je repose ma casquette qui sent le plastique sur mon bureau.
Je me sens seul au monde.

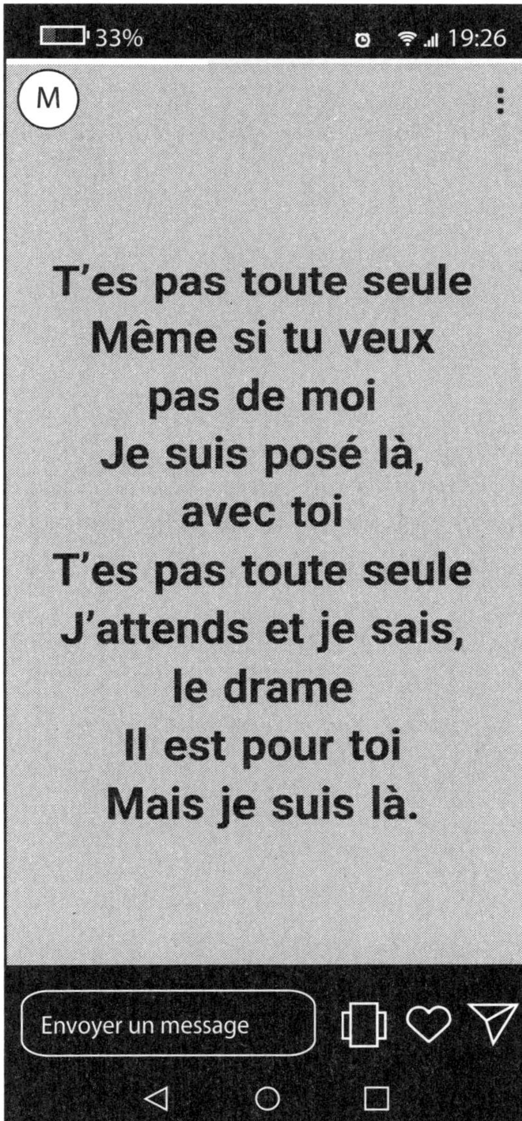
33%
19:26
M
T'es pas toute seule
Même si tu veux
pas de moi
Je suis posé là,
avec toi
T'es pas toute seule
J'attends et je sais,
le drame
Il est pour toi
Mais je suis là.
Envoyer un message

(Je playbacke sur la chanson de Hoshi),
« Et même après je t'aimerai ».

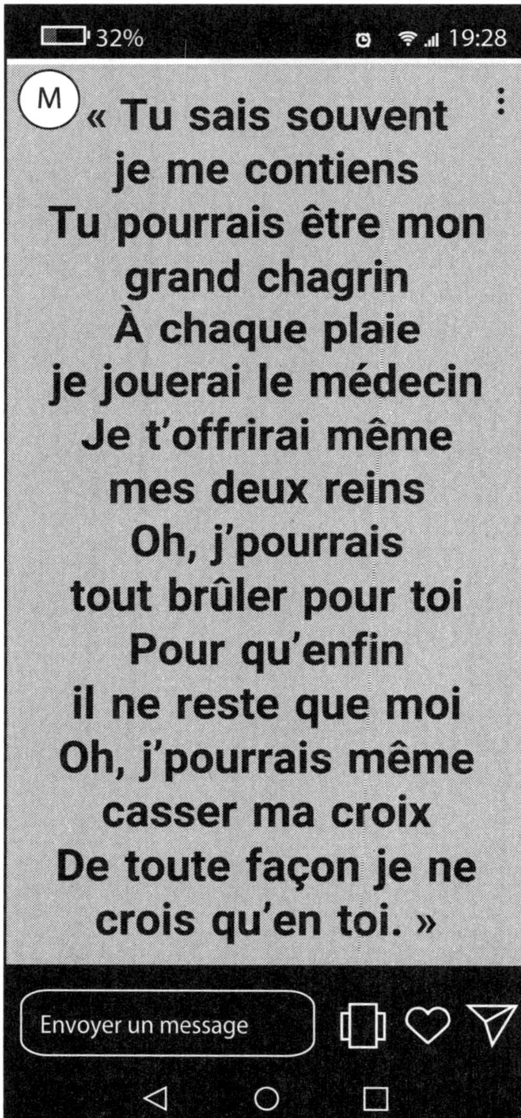

(Sur la même chanson)

MALIKA
Salle de repos
Kylian, Malika

J'enlève le cadre avec le portrait de la femme inconnue et je mets à la place celui de ma grand-mère Raffia. Gisèle et elle ensemble, comme avant.

J'entends frapper à la porte. Trois fois. C'est Kylian. C'est notre code. Il entre, il a toujours son bonnet sur la tête malgré les trente degrés. Il mange un croissant.

KYLIAN
Hey…

Kylian cale la chaise contre la porte. Lui aussi a pris cette habitude.

KYLIAN
Comment tu vas ?
MALIKA
Ça va… J'attends le deuxième médicament maintenant. C'est interminable.
KYLIAN
T'as encore mal ?
MALIKA
Non.

Des miettes de croissant lui collent encore aux lèvres. Je lui fais signe qu'il en a partout.

Il s'essuie du revers de la manche et passe sa langue sur ses dents.

KYLIAN

T'as vu les stories de Morten sur Insta ?

MALIKA

Oui.

KYLIAN

Toutes ?

MALIKA

Oui.

KYLIAN

Je connais pas beaucoup de mecs qui se seraient ridiculisés comme ça pour une fille.

… Tout le monde se demande au lycée pourquoi vous êtes plus ensemble.

Y a des rumeurs.

MALIKA

J'ai vu.

Il sort deux coussins de son sac à dos, bien écrasés. Moches avec des franges mais ils ont l'air confortables. Une odeur étrange se répand dans toute la pièce.

MALIKA

C'est quoi cette odeur de poisson pourri ?

KYLIAN

… Les coussins. Je les ai ramenés de chez moi. Je les ai pris quand je me suis barré.

Ma mère voulait les foutre à la benne.

MALIKA

Tu t'es barré ?

KYLIAN

À l'américaine. En claquant la porte.

J'en peux plus de ma mère.

MALIKA

Et c'est quoi le rapport avec l'odeur de sardine pourrie ?

KYLIAN

Salle de repos

Kylian, Malika

KYLIAN

Lui, l'index, c'est mon oncle Serge :

— Et pourquoi t'as pas de petite copine ? Elles sont toutes moches ou trop petites ?

Le pouce, c'est ma mère :

— À son âge, avec son père, on se pelotait déjà. (Image de mon père et d'elle dans les couloirs d'Éluard, horreur.)

Lui, le petit doigt, c'est ma tante :

— T'aimes pas les filles ? (Elle est toujours comme ça, directe, façon uppercut.)

L'index :

— Ah non, pas de tapette chez les Bâtard !

Il rit et puis il rit plus parce que moi je dis rien et que je reste le visage genre je fais la gueule comme jamais.

Le pouce :

— C'est pas ça, Serge…

L'index :

— T'es pas pédé, mon Kylian ?

Le petit doigt :

— Il est timide. Il ose pas les entreprendre, les filles.

Le majeur :

— J'aime pas le sexe. Je suis asexuel.

Et là, la fourchette de mon oncle tombe direct dans le plat de morue. Ma mère a les yeux affolés, ma tante boit son verre de vin cul sec.

L'index :

— A… quoi ?

Le majeur :

— Sexuel.

L'index :

— T'aimes pas le SEXE ? Mais tu viens d'où, gamin ? De chez les fous ??????

Le pouce :

— C'est les conneries d'Internet. Les jeunes de maintenant, ils sont trop compliqués.

Le petit doigt :

— C'est parce que t'as pas rencontré la bonne !

Le majeur :

— Si, mais j'aime pas ça.

Grand silence chez les Bâtard.

L'index :

— T'es puceau ? Parce que ça peut s'arranger !

Le majeur :

— Non.

L'index :

— T'es pas pédé ?

Le majeur :

— Non !!

Ma tante boit un autre verre cul sec, mon oncle gobe un bout de morue et ma mère lève les yeux au ciel.

Que je sois pas pédé, ça a l'air de calmer tout le monde.

Mais c'est pas le sujet.

L'index :

— T'aimes pas ça ?

Le majeur :

— Non.

L'index :

— T'as pas rencontré la bonne. T'y viendras, crois-moi !

Il fixe ma tante avec un air bien dégueu, elle fait semblant d'être gênée, elle rigole, il lui met un coup de coude. Ma mère regarde par la fenêtre.

L'index :

— On aura une discussion toi et moi. D'homme à homme.

Le majeur :

— Non, merci.

KYLIAN

Après ça, ma mère a commencé à vriller, elle a balancé la casserole avec le bouillon de morue qui a fait un vol plané de la table au canapé, elle a plus voulu me parler et je me suis barré chez Morten.

MALIKA

T'as pleuré ?

KYLIAN

Non.

MALIKA

Je te crois pas.

KYLIAN

Je pleure jamais.

MALIKA

Mais c'est horrible que ta mère te vire !

KYLIAN

Elle m'a pas viré, je suis parti.

MALIKA

Elle t'a appelé depuis ?

KYLIAN

Non.

MALIKA

Aucun signe ?

KYLIAN

Un bon gros silence bien de chez moi. C'est la mère de Morten qui lui a dit où j'étais.

MALIKA

Tu vas y retourner ?

KYLIAN
Je vais attendre qu'elle se calme.

Mon téléphone vibre. Notification Insta. Story de Morten.

KYLIAN
Regarde.

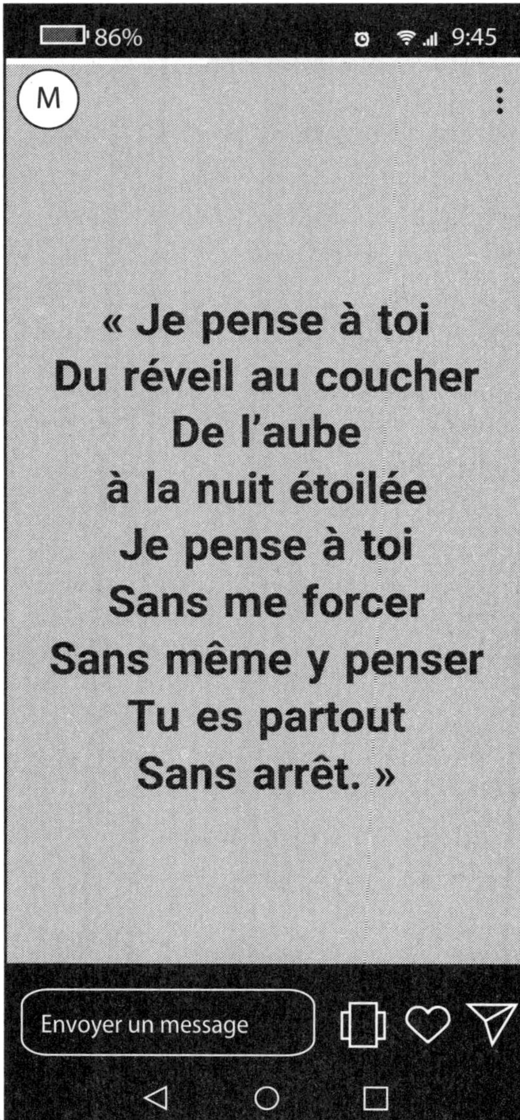
86%
9:45
M
« Je pense à toi
Du réveil au coucher
De l’aube
à la nuit étoilée
Je pense à toi
Sans me forcer
Sans même y penser
Tu es partout
Sans arrêt. »
Envoyer un message

Je la regarde. Elle sourit. Ça lui fait un truc, c'est obligé.

KYLIAN
Tu l'aimes encore, avoue !

Elle rougit aussi, un peu, beaucoup sur le haut des joues.

KYLIAN
... Y a des commentaires.

Malika commence à les lire sur mon écran. Comme il est fendu, on voit pas bien. Elle s'y reprend à deux fois.

KYLIAN
Y en a au lycée qui pensent que tu l'as quitté pour moi.
MALIKA
Pour toi ?
KYLIAN
Je sais... parle pas, tu vas dire des trucs pourris.
MALIKA
Je suis contente qu'on soit amis.
C'est ça que je voulais dire.

Elle continue de lire les commentaires.

KYLIAN
Lis pas. Si on lit ça à voix haute, cette merde devient réelle et ça te rentre dans la peau.

MALIKA

« @toppouce : T'assures morten ! trop love !

@zig : Une meuf qui te trompe avec ton meilleur pote, oublie.

@bogosse : Elle a de la chance, cette fille. j'en ferais bien mon 4 heures du beau Morten.

@poulette21 : Ta meuf te mérite pas, si elle t'a jeté, laisse-la / Surtout cette pute de Malika. »

Mais c'est qui cette fille ? Pourquoi elle parle de moi comme ça ?

KYLIAN

Arrête.

Je lui prends mon téléphone des mains. Elle sort le sien.

MALIKA

Ils savent même pas ce que je vis et ils donnent leur avis !

KYLIAN

Regarde pas. Réponds pas. Fais comme moi quand on me branche dans la cour. Tu les calmes en les fixant bien droit.

MALIKA

Je sais pas faire ça.

KYLIAN

Tu vois le regard de ta grand-mère ? Là, sur le mur ? C'est le même.

MALIKA

J'ai pas sa force.

KYLIAN
T'avortes en secret.
Bien sûr que oui, t'as sa force.
MALIKA
Tu m'as pas dit que t'avais rendez-vous avec Gabrielle ?
KYLIAN
Si.

Ses yeux sont collés à l'écran de son portable.

KYLIAN
Lis pas cette merde.
Les laisse pas te faire ça.
Je te jure, c'est pas une bonne idée.

MALIKA
Salle de repos

Je lis encore quelques commentaires et j'arrête.
Je regarde le portrait de ma grand-mère.
J'observe son regard.
Je fixe ses grands yeux noirs.

MALIKA
J'ai pas tes yeux, il dit n'importe quoi.

CARNET DE RAFFIA

16 mars 1973

On a créé notre antenne du MLAC[1] *dans les anciens bureaux du Planning. J'ai un peu de mal à assurer des permanences entre Élisabeth et le travail, mais j'y vais au moins deux fois par semaine.*

L'autre jour, on est allées avec Gisèle chez Delphine Seyrig. On a assisté pour la première fois à une démonstration de la méthode Karman. Delphine pensait qu'il fallait médiatiser cet événement, car même si ça bouge, l'avortement reste encore illégal. La méthode Karman est révolutionnaire, elle permet d'avorter sans « trop de souffrances », chez soi. (Je mets des guillemets, sans trop de souffrances, c'est toujours de la souffrance.)

On s'est renseignées avant avec Gisèle, pour être sûres de ne pas assister encore à un drame. C'est un instant si intime et si douloureux à la fois... On a reçu l'assurance que ça se passerait bien. Alors que tout le monde prenait place, j'ai vu une poupée d'Élisabeth dépasser de mon sac. J'ai pensé à elle, j'ai pensé aux petites filles qui, comme elle, vont grandir vite et j'ai espéré qu'elles n'auraient jamais à connaître ça : la sensation d'être une criminelle quand on ne cherche qu'à protéger les droits de son corps.

Sur la place en bas, toute la presse avait été invitée.
On entendait les journalistes parler.
La place était noire de monde.
[...]

1. Mouvement pour la liberté de l'avortement et de la contraception.

MALIKA
Mercredi

C'est le jour du deuxième médicament. Enfin. Le premier a arrêté la grossesse. Le deuxième va expulser l'embryon. J'étais au Planning à 14 heures. L'infirmière était là. On a attendu un peu ensemble là-bas et puis elle m'a déposée à la maison. Jacqueline m'a dit de pas regarder quand j'irai aux toilettes.

Je suis toute seule. mes parents travaillent. Il n'y a que mon poisson rouge, José (nommé ainsi parce qu'il a une moustache et que mon père trouve qu'il ressemble a un certain José Bové). J'attends maintenant. J'attends que « ça » passe. C'est fini. C'est bientôt fini. Je suis couchée.

MORTEN
Mercredi

Je suis comme un lion en cage. Je comprends bien l'expression. Je peux pas sortir et je tiens pas en place (il pleut sans arrêt depuis ce matin, une pluie qui te laisse pas le choix). C'est cet après-midi que Malika finit d'avorter. C'est chelou de dire ça, comme si elle finissait de ranger un truc ou de lire un bouquin, mais c'est bien ça. Elle finit. J'ai pas pu venir, elle a pas voulu.

Je joue à la Switch en ligne mais j'y suis pas. J'entends des voix dans mon casque (« mec, défends-toi ») mais je suis pas concentré. Kylian est avec moi. Il dort. Je sais pas comment il fait pour dormir autant. Étalé sur mon lit, la bouche ouverte, je pourrais lui écrire des trucs sur le visage ou lui boucher le nez

KYLIAN
Mercredi

Je fais semblant de dormir.
Je suis en mode immobile, je bouge plus.
Pour que ce soit encore plus réaliste, j'ai la bouche ouverte.
Comme ça, Morten me posera pas dix mille questions.
Je suis retourné chez moi.
J'ai vu ma mère.
Elle coloriait.
Je me suis assis à la table devant elle. Je lui ai dit « faut qu'on parle ».
Elle a levé les yeux vers moi, je sais pas si elle était pas à deux doigts de chialer quand même, mais elle a repris un autre crayon de couleur, elle a baissé la tête et j'ai plus vu ses yeux.
J'ai insisté :
« S'te plaît. »
Sur la commode, y a une photo de nous trois avec mon père.
D'où je suis, je vois

MALIKA
Mercredi

Je voudrais écrire à Morten mais je sais pas quoi lui dire, je sais pas quoi écrire.
J'écoute encore sa playlist, sur mon canapé.
Le poisson rouge tourne dans son bocal.

J'attends.

Je finis par écrire un message à Morten.

« Merci pour ta playlist.
Ça m'aide à faire passer le temps.
Et pas que.
Xx »

MORTEN
Mercredi

avec du coton, mais j'ai pas l'esprit à la déconne, je le touche pas.

Je me lance ma playlist, casque sur les oreilles, je pense à Malika, je l'aime, je l'aime comme jamais, je voudrais l'effacer de ma tête, j'y arrive pas, même une heure, j'y arrive pas, j'écoute les morceaux et j'ai envie de chialer, mais je me retiens, si Kylian se réveille, ça va pas le faire. Il aime pas ça, voir pleurer.
Mon tel vibre. C'est elle… !
Bière ! Chips ! Tacos !
Putain, ça se fête !
Elle m'écrit !!

KYLIAN
Mercredi

encore son manteau qui pend à l'entrée.
« Faut qu'on parle de papa. »
Pas de réponse jusqu'à :
« T'as pas assez parlé avec ton père les derniers mois de sa vie ? Votre voyage père-fils en Italie, ça t'a pas suffi ? »
L'Italie, c'était à la fin quand il savait qu'il allait mourir. Il a pas voulu continuer le traitement et on est partis ensemble. Ma mère a pas pu venir, son patron a pas voulu qu'elle prenne des jours.

KYLIAN

Salle de repos

KYLIAN

Papa,
J'essaie de t'imaginer, d'entendre ta voix.
Je me souviens presque pas à quoi elle ressemble.
Comment est-ce que je peux oublier ça aussi vite ?
Tu me dirais quoi, toi ?
Que tu me comprends pas ?
Que je suis pas un homme ?
Que je suis pas normal ?
Que t'as honte de moi ?
Que c'est parce que t'es plus là que je suis comme ça ?

Je crois pas.

Tu dirais plutôt comme quand je te répondais que oui, j'étais heureux : « Ben, c'est tout ce qui compte. »

Je lève les yeux, j'ai pris le réflexe maintenant, je passe une main sur la chaîne autour de mon cou mais je chope que du vent. Mon médaillon est pas là.

Est-ce que vous pourriez faire en sorte que je me sente moins mal ?
Que je sois pas paumé à ce point ?
Que j'arrête d'avoir ces putains de crises de vertige ?
Est-ce que vous pourriez accélérer le temps ?
Je veux partir de ce trou.

3.

CARNET DE RAFFIA

Décembre 1974

Giscard[1] *fait du ski, il se donne un peu des airs modernes et on le voit très souvent à la télévision. Trop. Le projet de légalisation de l'avortement va être discuté dans les mois à venir. Ce sera d'une violence inouïe si l'on se fie à ce qu'on entend déjà.*

Hier, avec Élisabeth, nous sommes allées voir le théâtre de Guignol dans un petit kiosque au bout de la rue. Elle a beaucoup ri. Ensuite, on a fait un tour en calèche. Un attelage était là. Élisabeth a pu nourrir les chevaux avec de la paille. J'aime ces moments simples de la vie, ceux pendant lesquels je ne pense plus à rien, ni à mes combats, ni à mon travail, ni à Giscard qui fait du ski.

[...]

Hier, nous avons eu notre première dispute avec Mahmoud. Une crise de jalousie ! Je passerais trop de temps avec Michel, mon collègue. On s'est vus une ou deux fois dans des conférences programmées dans notre cinéma de quartier. Je l'ai croisé à chaque fois par hasard et quand bien même, lui ai-je dit, HORS DE QUESTION DE SUPPORTER ÇA !

J'ai dormi dans le lit, lui sur le canapé.

Je n'ai pas cédé.

[...]

Quatre jours depuis la dispute.

---

1. Président de la République française de 1974 à 1981.

On s'est dit à peine trois mots. Et puis il est arrivé avec un bouquet de fleurs.

Je l'ai pris dans mes bras sans discuter, et ça, même s'il ne s'est pas excusé.

Pourtant, je les attendais ces excuses mais... il faut, à un moment, savoir mettre fin au conflit et enterrer un peu son orgueil.

Enfin, je crois...

MORTEN

Salle de repos

Malika, Morten

Je frappe. Je me suis changé trois fois ce matin et puis j'ai gardé ma première tenue : casquette, jean et sweat, le rose pétant qu'elle adore. Je pousse la porte de leur planque. Rien ne bloque, cette fois-ci, je peux entrer. La pièce est presque vide. Je vois juste des coussins moches avec des franges et deux photos au mur, un portrait de sa grand-mère que je reconnais et un autre de Gisèle Halimi.

J'entends du bruit, des pas qui se rapprochent, je me retourne. Je reste immobile. Plus un bruit.

MORTEN

… Malika ?

La poignée s'abaisse, la porte s'ouvre. C'est elle. Elle n'entre pas, pas franchement. Elle a son carnet à la main. C'est celui de sa grand-mère.

MORTEN

Kylian a craché le morceau.

Je vis ici et je savais même pas que cette pièce existait !

Je m'approche à petits pas. Elle bouge pas. Je sais pas quoi faire de mes mains, de mes pieds, de mes cheveux que j'ai pourtant sculptés mèche par mèche. Elle reste silencieuse. C'est comme si on se connaissait mal, comme si rester debout face à elle, ça devenait quelque chose d'étrange.

Je prends une inspiration, je cale mes poings dans mes poches, je m'arme de courage même si je sens la peur me danser dans le ventre et je me lance.

MORTEN

J'y ai pensé tout le temps. Je voulais t'aider, je voulais être là.

MALIKA

C'est fini.

Maintenant, c'est fini.

MORTEN

T'as pas eu trop mal ?

MALIKA

Je veux pas en parler.

Elle s'assoit par terre, sur un plaid épais. Je fais de même. Je sors les mains de mes poches. J'ai tellement serré les poings que le sang ne passe plus.

MORTEN

Ça sent pas un peu la mort ici ?

Elle pose le carnet sur le sol et me tend un coussin à franges. Je le reconnais, c'est à Kylian. On s'est vautrés des centaines de fois dessus.

MALIKA
Ça sent la morue.
C'est… long à expliquer.
MORTEN
La morue ?

J'aurais dit plutôt le rat crevé mais la morue, ça va bien aussi. En fait, je m'en fous de ça. Je suis ici parce que je voudrais lui poser LA question, celle que je me pose depuis des jours. Je voudrais savoir si elle et moi, c'est fini ou en pause, ou si on a une chance que ça recommence. Mais j'arrive pas à aligner trois mots.

Je tords un des coussins-morue sous mes doigts. Je tire sur les franges.

MALIKA
… C'est qui Poulette21 ?
MORTEN
… Je sais pas.
MALIKA
T'as lu ce qu'elle a écrit sur les réseaux ?
MORTEN
Je l'ai bloquée.
Il faut que je te demande un truc…

J'ai pas le temps de finir ma phrase que la sirène du lycée se déclenche et m'explose les oreilles.

LA VIE SCOLAIRE
Alerte intrusion ! Alerte intrusion !

Pas maintenant. Pitié, pas maintenant. On entend des cris à l'extérieur. Des AED, je suppose, braillent et tapent contre les murs. Il sont censés nous faire peur. Le lycée est tellement vieux que les cloisons tremblent. C'est plutôt ça qui pourrait nous foutre les jetons.

MORTEN
T'entends les cris ? L'année dernière, y avait pas de cris !
MALIKA
Le scénario change tous les ans.
LA VIE SCOLAIRE
ALERTE INTRUSION !
MALIKA
Je suis référente sécurité.
Faut se mettre à l'abri. Je vais fermer les rideaux. Couche toi, loin de la fenêtre.

Je m'allonge, je fais exactement comme elle dit. On se cale par terre, ventre au sol, sous la fenêtre. Je déteste ces alertes. J'ai beau savoir que c'est fake, ça me met mal à l'aise.

MORTEN
Tu crois que ça va durer longtemps ?
MALIKA
Le temps que tout le monde soit évacué.

MORTEN

Personne sait qu'on est là. Personne ne va nous *évacuer.*

MALIKA

C'est différent. Nous, faut pas qu'on bouge.

MORTEN

OK…

Je sens son odeur tout près de moi. Ça fait tellement longtemps que je l'ai pas respirée comme ça. J'ai envie de mettre mon nez dans son cou mais, évidemment, je bouge pas. Dehors, ça hurle encore, mais moins.

Je tente une vanne, histoire de détendre l'atmosphère.

MORTEN

La seule intrusion qui mériterait une alerte ce matin, c'est l'odeur des pieds pourris de Maxence dans mon nez.

Le gars a pas dû changer de baskets depuis deux ans.

De chaussettes mêmes.

Elle rigole mais en chuchotant. Un rire chuchoté. C'est pas non plus la vanne du siècle, mais je suis trop heureux de la faire rire. Je me sens mieux une seconde et je remercie même ma mère d'avoir déclenché l'exercice intrusion maintenant.

C'est calme dehors. On n'entend plus rien.

LA VIE SCOLAIRE

L'exercice est terminé.

Merci à tous pour votre participation.

Elle bouge pas, je bouge pas.

MORTEN

C'est quand même plus tranquille quand on tague les murs tous les deux !

Elle sourit, elle bouge pas, je bouge pas. Je roule sur le côté, face à elle, à quinze centimètres de son visage.

MORTEN

Toi et moi, c'est… ? On est encore ensemble ?

Elle bouge pas, je bouge pas.
Où j'ai trouvé ce courage, je sais pas.
Un demi-tour sur elle-même et son visage aussi me fait face.

MORTEN

Chambre de Morten

MERCREDI, 10 H 02

MORTEN

Dis Siri, appelle Kylian.

SIRI

« Appel en cours. »

KYLIAN

« Salut, je suis pas là. Laissez un bla-bla après le bip. »

MORTEN

T'es où ?

Tu réponds pas à mes messages !

… Je suis allé la voir dans votre planque et elle a ri à mes vannes.

On s'est retrouvés allongés tout près et…

Il s'est rien passé mais…

Je suis comme un dingue !

T'es où ?

MORTEN

Chambre de Morten

JEUDI, 14 H 02

MORTEN
Dis Siri, appelle Kylian.
SIRI
« Appel en cours. »
KYLIAN
« Salut, je suis pas là. Laissez un bla-bla après le bip. »
MORTEN
… On devait se voir et elle est pas venue. Ça me saoule.
Je te jure, ça me saoule. C'est au-delà même.
Elle avait promis qu'elle viendrait.
… T'es où ?

MALIKA

Chambre de Morten

Malika, Morten

Il est à son bureau, casque sur les oreilles.

MALIKA
T'as eu mes messages ?
MORTEN
Ouais.

Tension dans sa voix.

MALIKA
J'ai pas pu venir, j'ai dû aider mon père à…
MORTEN
Ça me saoule.
On se dit qu'on se voit et tu viens pas.

Il se lève et reste debout face à moi. Je l'ai jamais vu comme ça. Sa voix est comme du béton.

MALIKA
J'ai croisé ta mère. Elle sait…

Son regard roule vers le haut, et je vois presque le blanc de ses yeux. Il lève les bras avant de les faire claquer contre ses cuisses.

MORTEN
Oui, elle sait.
Fallait bien que je le dise à quelqu'un.
MALIKA
J'ai rien dit, moi.
MORTEN
T'aurais peut-être dû.
MALIKA
Je pouvais pas.

Il s'assoit pas, il reste immobile face à moi. Il me barre le passage.
Je me retourne, je marche lentement, je sors.
Un silence abrutissant m'accompagne.

MORTEN
Chambre de Morten

VENDREDI, 8 H 01

MORTEN
Dis Siri, appelle Kylian.
SIRI
« Appel en cours. »
KYLIAN
« Salut, je suis pas là. Laissez un bla-bla après le bip. »
MORTEN
Allô ?
T'es pas drôle ?
Personne sait où t'es !
C'est pas drôle !
Rappelle moi !

VENDREDI, 13 H 14

MORTEN
Dis Siri, appelle Kylian.
SIRI
« Appel en cours. »
KYLIAN
« Salut, je suis pas là. Laissez un bla-bla après le bip. »
MORTEN
T'es où ?
T'es malade ?

Pourquoi t'es pas là ?
T'es mort ? Merde, quoi, réponds !
... Tu sais ce que je fais depuis deux heures ?
Je fixe le plafond.
Y a deux grosses fissures au-dessus de ma tête.
Je leur ai donné un nom : Malika et Kylian.
J'étais inséparable d'elle.
Inséparable de toi.
Et maintenant, je suis allongé sur mon lit, tout seul, je regarde un putain de plafond, je vois des fissures, je leur donne des prénoms et j'aligne les souvenirs dans ma tête !
T'es où ?
...
Dis Siri, efface le message.

SIRI

« Message effacé. »

LE JOUR OÙ J'AI RENCONTRÉ KYLIAN

MORTEN

J'arrive en maternelle, c'est le premier jour, je pleure comme un dingue parce que je veux pas aller à l'école. Kylian s'approche, il pleure pas. Il est immense pour son âge, une tête de plus que moi. Il me montre une petite voiture. Je continue de hurler. Il la fait rouler à mes pieds. Je shoote dedans. Il me pousse dans le coin à doudous. Ça me calme net, je pleure plus. Il va vers le garage, je le suis. Il joue avec la petite voiture. J'en sors plein d'une boîte et on fait des virages et des cascades avec jusqu'à ce que la maîtresse nous appelle. Je m'assois à côté de lui sur le petit banc. Je sais pas comment il s'appelle jusqu'au moment où la maîtresse dit : « Kylian, quel temps il fait dehors ? »

LE JOUR OÙ J'AI EMBRASSÉ MALIKA POUR LA PREMIÈRE FOIS

MORTEN

Salle 14, juste après le cours de SVT. Les stores sont fermés parce qu'on vient de regarder un documentaire. La prof aperçoit Malika devant la porte. Elle lui dit de rentrer, qu'elle veut lui parler de quelque chose. Je suis encore en blouse, je range ma paillasse. La prof montre une brochure à Malika. Elles en parlent un peu et puis la prof sort, elle est pressée, elle a juste une demi-heure pour manger. Malika ferme la porte derrière elle, elle éteint la lumière et vient vers moi. Elle me regarde, elle s'approche tout près, je bouge pas, elle pose ses lèvres sur les miennes. Direct. C'est doux. Nos deux langues tournent l'une contre l'autre. J'ai trop peur qu'elle me trouve nul (les tutos sur le roulage de pelle, c'est jamais ça) mais ça se passe bien, elle continue de m'embrasser.

Je pose mes mains sur ses joues. J'ai le cœur en accéléré. C'est mon premier vrai baiser.

LE JOUR OÙ J'AI ESSAYÉ DE BOIRE DE L'ALCOOL À 45 DEGRÉS AVEC KYLIAN

MORTEN

Toute mes premières fois (sauf celle où j'ai fait l'amour), c'est avec lui que je les ai faites. Premier verre de liqueur (un truc que ma mère garde dans son placard). On veut faire les malins même si la bouteille affiche 45 degrés d'alcool. Je sais pas trop ce que ça veut dire, 45 degrés, je connais juste les triangles isocèles à 45 degrés. On se sert un verre chacun. Je respire l'alcool avant de boire, ça me fait pleurer les yeux mais je me démonte pas. Je bois d'un trait, mon estomac me brûle. Pas vraiment comme avec des flammes, mais comme quand on avale de la soupe trop chaude. Je les comprends bien à ce moment-là, les 45 degrés. Kylian pleure de rire à côté de moi. « Ça va, ça va ? » Il fait des petites pauses dans son fou rire pour commenter la couleur de ma peau. Je suis blanc, rouge et blanc à nouveau. Normal, j'ai envie de vomir.

LE JOUR OÙ MALIKA M'A PRÉSENTÉ À SA MÈRE

MORTEN

Je flippe.

Sa mère, genre, c'est Dieu.

J'ai jamais entendu personne parler de sa mère comme Malika parle de la sienne.

C'est un samedi. Je suis invité à manger. Ma mère me donne un peu d'argent pour que j'achète des fleurs. J'achète des chrysanthèmes, je sais pas que c'est pour les cimetières qu'on achète ça, personne m'a dit.

Malika ouvre la porte. Sa mère est là. Je lui tends le pot de chrysanthèmes, elle me remercie. Son chien est là aussi, il me lèche la jambe. Sa mère dit que ça y est, je suis adopté. J'espère que je le serai pas juste par le chien.

Malika prend ma main et me guide jusqu'au salon. Son père se retourne vers nous : « Ah ! Bonjour, Molten ! », ça fait un peu moldu[1], ça me fait marrer, mais je lui précise que c'est « Morten avec un r ». Il rigole et il me demande si moi, « Morten avec un r », j'aime bien le bœuf bourguignon. Je sais pas trop ce que c'est mais je réponds que j'adore. Le chien me lèche à nouveau la jambe. Sa mère pose le pot de chrysanthèmes sur la table. Malika dit : « Les mêmes fleurs que sur la tombe de grand-mère. »

Je me liquéfie.

Je voulais pas que ma première fois chez eux ait des relents de cimetière.

---

1. Moldu : terme dans *Harry Potter* pour désigner les « non-sorciers ».

MALIKA
Salle de repos

Je pose la chaise contre la porte. Je la cale bien. Aujourd'hui, plus que les autres jours, je veux voir personne. Je m'assois sur les coussins-morue. Regard à mon téléphone. Ça fait cinq jours que Kylian a disparu, cinq jours qu'il ne donne plus aucune nouvelle à personne, et presque autant de jours que Morten ne m'écrit plus (ou presque plus).

J'ouvre la boîte que ma mère m'a préparée pour le déjeuner. Je porte la fourchette à ma bouche et j'avale mais j'ai pas faim. Je regarde dehors : des pigeons en vol tournent en rond au-dessus de la cour.

MALIKA
Je voudrais tout oublier, juste dix minutes, dix minutes tranquille sans penser à Morten, sans penser à Kylian, sans avoir peur qu'il soit tout seul quelque part, avec la tête dans le chaos.
Je voudrais oublier.
Oublier le jour où.
Oublier tout.
Juste dix minutes.

Cinquante-sixième regard à l'écran de mon téléphone.
Toujours rien.
Je reprends la lecture des carnets.

CARNET DE RAFFIA

Novembre 1974

Je suis au travail. Mes collègues et moi, on regarde l'intervention de Simone Veil sur notre petite télévision en noir et blanc. Elle présente son projet de loi pour la légalisation de l'avortement. Gisèle a rencontré plusieurs fois Simone et elle l'a aidée. Elles ont longuement parlé ensemble du procès de Bobigny.

« Je voudrais vous faire partager une conviction de femme. Je m'excuse de le faire devant une Assemblée constituée quasi exclusivement d'hommes : aucune femme ne recourt de gaieté de cœur à l'avortement[1]. »

490 députés sont là : 481 hommes et 9 femmes.

J'ai des frissons en l'écoutant.

Je revois le visage de toutes ces femmes que j'ai croisées ces dernières années : celles qui ont pu reprendre leur vie après, celles qui en sont mortes, celles qui ont été reniées par leurs familles, Je repense à chacune d'elles.

J'ai honte d'entendre les sifflets qui parcourent l'Assemblée. Ce fœtus apporté dans un bocal, ce député qui a fait entendre des battements de cœur... Qu'est-ce qu'ils s'imaginent ? Que les femmes ne sont pas conscientes ? Que ça nous plaît de faire ça ? Sans parler des croix gammées dans la rue où vit Simone. À vomir.

1. Extrait du discours de Simone Veil à l'Assemblée nationale le 26 novembre 1974.

J'ai honte pour eux.

[...]

17 Janvier 1975

On retient notre souffle. C'est cette nuit que le vote à l'Assemblée nationale pour la dépénalisation de l'avortement a lieu. J'ai quitté le MLAC depuis quelques semaines. On ne se comprend plus et je perds trop de temps à débattre avec mes camarades de lutte au lieu de débattre avec mes adversaires. Je reste bénévole au Planning cependant.

Je suis chez moi. Gisèle est dans les couloirs du Palais-Bourbon avec l'assistant parlementaire de Simone Veil. Il est minuit passé.

J'ai une admiration sans limites pour Simone Veil. Quelle femme ! Et dire que j'ai eu la chance de la rencontrer grâce à Gisèle. J'avais conscience avec elles deux face à moi que je n'étais pas face à deux femmes ordinaires mais face à l'Histoire !

[...]

4 heures. Journal spécial sur France Inter. La loi est adoptée par 284 voix contre 189.

Je réveille Mahmoud qui s'est endormi sur le canapé. Des années de combat et enfin, une loi ! Je rentre à petits pas dans la chambre d'Élisabeth. Elle dort comme un ange dans son lit. Je lui parle doucement. Je parle à ses rêves, je lui dis qu'elle pourra tout inventer, tout rêver, tout espérer parce que les choses changent enfin. Je lui annonce la bonne nouvelle, pour elle et pour ses enfants, pour ses filles peut-être, un jour : elles auront cette liberté que nous n'avons pas eue !

Je regarde le portrait de ma grand-mère et celui de Gisèle, mon carnet à la main. Moi aussi, j'ai l'impression de regarder l'Histoire. Ce que je ressens à l'instant, c'est tellement fort.

MALIKA

Tout le monde me manque.
Morten.
Ma mère à qui je ne dis plus rien.
Kylian.
Et toi, grand-mère.
Je voudrais tellement que tu sois encore là.
À toi, je dirais tout.

Je me mets à écrire dans son carnet, dans la marge, là où j'ai de la place.

CARNET DE MALIKA
(DANS LE CARNET DE RAFFIA ELKAÏM,
P. 13, BAS DE PAGE ET MARGE)

MALIKA

J'ai seize ans.

Je suis dans une salle sur un lit en hauteur. Jacqueline, la sage-femme est là, l'infirmière de mon lycée aussi.

Jacqueline me sourit, me caresse les cheveux, elle me tend un verre d'eau et un médicament.

Le deuxième, le dernier.

J'ai peur.

J'ai hâte.

Je voudrais que Morten soit là, à cet instant précis, je voudrais que ce soit lui qui me tienne la main. Je sais pas pourquoi, je suis plus en colère.

Il faut que je sois forte. Je me répète cet adjectif. Forte, FORTE, FORTE.

J'avale la pilule.

L'infirmière me tient la main. Elle me sourit.

Elle demande si j'ai besoin de quoi que ce soit.

De musique, je lui réponds que j'ai besoin de musique. Je lance la playlist de Morten.

Le néon au-dessus de moi grésille.

J'ai hâte que tout soit fini.

Je pleure.

Je ferme les yeux.

J'attends.

J'ai mal au ventre, un peu.

J'attends.

L'infirmière me tient toujours la main. Elle dit « Dominique A et Benjamin Biolay, j'adore ».

Je pense : dire à Morten qu'on écoute vraiment de la musique de vieux.

MALIKA

Infirmerie

Malika, l'infirmière

Je me glisse de la salle de repos à l'infirmerie, à petits pas.

L'INFIRMIÈRE

… Comment vas-tu ?

MALIKA

Ça va.

Je pars à Paris ce week-end. Je vais être interviewée par Green Teens.

L'INFIRMIÈRE

Félicitations.

C'est pour No Kids ?

MALIKA

Oui.

L'INFIRMIÈRE

J'ai vu vos affiches en ville. J'en ai même une en bas de chez moi.

MALIKA

Madame… vous avez des nouvelles de Kylian ? Je sais que vous êtes proche de lui aussi et…

L'INFIRMIÈRE

Je t'arrête tout de suite.

Je suis tenue au secret médical.

Je ne donne pas ce genre d'informations.

MALIKA
Juste pour savoir où il est, et s'il va bien.
L'INFIRMIÈRE
Appelle-le.
MALIKA
Il ne répond pas.

Je la joue tactique Rachel l'infirmière quand elle essaye de nous amadouer avec des Dragibus. Discrètement, je sors un sac un paquet de Werthers (bonbons de vieux que ma mère adore et qu'elle sort quand ses copines font des réunions chez nous).

MALIKA
Vous en voulez un ?
L'INFIRMIÈRE
Tu crois que ça va suffire ?
MALIKA
Vous faites pareil, madame.

Elle a l'air un peu déstabilisée mais amusée.

L'INFIRMIÈRE
Oui ?
Tu sais quoi ? Je vais en prendre un !
MALIKA
Est-ce qu'il va bien ?

L'INFIRMIÈRE

Malika… De la même manière que je protège ton intimité, je protège la sienne.

Elle me fait signe de m'allonger. Je retrouve le froid de la table, et cette sensation que je déteste maintenant quand quelqu'un pose ses mains sur mon ventre.

L'INFIRMIÈRE

Raconte-moi Green Teens.

MALIKA

C'est une chaîne sur Twitch pour les ados engagés comme moi.

Ils invitent tous ceux qui mènent des actions pour la défense du climat.

L'année dernière, ils ont eu Greta Thunberg.

L'INFIRMIÈRE

Ah quand même !

Tu y vas avec Morten ?

MALIKA

Peut-être.

L'INFIRMIÈRE

Vous vous reparlez tous les deux ?

MALIKA

Un peu…

Elle prend ma tension. Le truc me serre le bras et se relâche d'un coup.

Je n'aime pas la sensation que ça donne.

Je m'assois, les jambes dans le vide. J'aime bien ça, les balancer. Ça me rappelle quand j'étais petite et quand mes pieds ne touchaient pas terre.

Elle pose son stéthoscope sur mon cœur.

L'INFIRMIÈRE

Tout est parfait.

Ton cœur bat comme il faut.

MALIKA

Ça veut dire quoi ?

L'INFIRMIÈRE

Qu'il bat ni trop vite, ni trop lentement.

MALIKA

Vous pensez qu'on a des battements différents selon les gens auxquels on pense ?

L'INFIRMIÈRE

Comme un battement de cœur amoureux ?

Tu sens ça ?

MALIKA

… Non.

Elle remet son stéthoscope autour de son cou.

Je descends de la table.

L'INFIRMIÈRE

Profite bien de Paris !

Elle prend un dernier Werthers avant que je range le paquet.

L'INFIRMIÈRE

Et merci pour les bonbons, ils sont délicieux.

Je sors.

MALIKA

Salle de repos

Toujours pas de nouvelles de Kylian. Morten n'en a pas eu non plus.

J'enregistre une nouvelle vidéo sur TikTok, je n'ai rien fait depuis un moment.

GROS PLAN SUR LE MUR

VOIX OFF : Ne pas faire d'enfant, c'est comme éviter
600 allers-retours Paris-New York en avion !
No kids but a planet !
No kids but a future !

Je cale le médaillon de Kylian dans le creux de ma main et puis je danse dans le silence. Pas beaucoup, pas longtemps, quelques mouvements mais je danse. Je me sens toujours mieux après avoir dansé. Je retente un appel sur le portable de Kylian. Répondeur saturé.

Quelqu'un frappe.

MORTEN
Je peux entrer ?

Je déplace la chaise contre la porte, je passe ma main dans mes cheveux pour les démêler le plus vite possible. Je n'ai pas le temps de voir à quoi je ressemble.

MORTEN
Six cents allers-retours, c'est pas un peu abusé ?
MALIKA
… Non. J'ai lu ça sur le compte belge de No Kids.

On reste à une certaine distance tous les deux.

MALIKA
Tu m'évites plus ?

MORTEN

Joker.

Disons que mon pote et toi, ça fait beaucoup de disparitions en peu de temps.

Je suis heureuse de le voir. Ça doit se voir sur mes joues. Je suis sûre qu'elles rougissent. On se regarde quelques instants sans rien se dire.

MORTEN

Ça sent toujours aussi bizarre ici.

MALIKA

J'ai aspergé les coussins de patchouli. Ça sentait encore trop le poisson.

Il se penche pour respirer l'odeur de plus près et grimace.

MORTEN

J'arrive de chez Kylian. J'ai vu que sa mère. Elle a refusé de me dire où il était. J'ai insisté, elle m'a presque jeté dehors. Sur la table, j'ai vu des dizaines de coloriages. C'est chelou pour une adulte, non ? Son fils est pas là, et elle, elle colorie !

Faut qu'on le retrouve. Ma mère sait où il est, et elle dit qu'il va bien mais c'est pas suffisant.

Je veux savoir. Je veux le voir.

MALIKA

L'infirmière aussi sait où il est mais elle dira rien.

On pourrait demander à Gabrielle ? Peut-être qu'il lui a dit ?

MORTEN

Qui ?

MALIKA

… Sa nouvelle copine.

MORTEN

La fille de 1re 6 ?

MALIKA

Oui.

MORTEN

Je savais même pas qu'il était avec elle.

OK mais vas-y, toi.

J'étais pas vraiment là pour lui, et elle sait peut-être même pas qui je suis.

MALIKA

Il dit tout le temps que t'es son meilleur ami.

Son frère.

MORTEN

Un frère à qui il donne zéro nouvelle.

MALIKA

Tu crois qu'il avait préparé son départ ?

Que la dernière fois qu'on l'a vu, il savait ?

MORTEN

J'en sais rien mais il aurait pu rester chez moi. Pas besoin de disparaître.

Il ôte et remet sa casquette plusieurs fois. Ses cheveux sont aplatis sur son crâne. On dirait une coiffure années 50, avec la raie au milieu. Même son épi habituel a disparu.

MORTEN

J'ai pas vu qu'il était mal.

MALIKA

Il parle pas trop et il pleure jamais. C'est dur de savoir comment il se sent vraiment.

MORTEN

Il pleure jamais devant nous mais l'autre jour… J'étais devant la porte de votre planque et je l'ai entendu parler à je sais pas qui et je suis à peu près sûr qu'il pleurait.

Je serre le médaillon dans le creux de ma main. J'ai ce réflexe maintenant, quand quelque chose va mal. Je ne crois pas en Dieu, j'ai pas changé d'avis, mais j'aime bien savoir que j'ai ce médaillon avec moi.

MORTEN

C'est le médaillon de Kylian ?

Il prend une grande inspiration.

MORTEN

Toi et lui, c'est…

MALIKA

C'est juste un ami.

MORTEN

OK…

MALIKA

Tu me crois pas ?

MORTEN

Si, si. Je te crois. Maintenant, je te croirai toujours.

MALIKA

Même si je te dis que pour l'interview de Green Teens, y aura aussi Vipulan Puvaneswaran et Bella Lack[1] ?

MORTEN

Nan ?!

C'est cool pour toi.

MALIKA

C'est cool pour No Kids.

Tu veux venir avec moi ? Ma mère me l'a proposé et…

MORTEN

Je préfère rester là si jamais Kylian revient.

Silence.

Morten sort une dizaine d'enveloppes qu'il étale par terre.

RTEN

La boîte aux lettres était pleine, j'ai piqué le courrier. On trouvera peut-être un indice.

Il ouvre les enveloppes une par une.

MORTEN

C'est que des factures et des pubs.

---

1. Ce sont les deux héros du documentaire *Animal* de Cyril Dion, véritable manifeste écologique.

Il faut qu'on retourne chez lui. Sa mère te parlera peut-être à toi.

MALIKA

Elle me connaît pas.

MORTEN

Moi, elle se méfie. C'est pire.

MALIKA

J'irai voir Gabrielle avant.

MORTEN

OK.

On se rejoint devant la grille à 6 heures ?

Il sort.

Je confirme d'un hochement de tête et d'un demi-sourire.

MALIKA ET MORTEN

TGV 6728, direction Paris-Gare de Lyon

Je suis dans le train.
Ma mère demande pourquoi t'es pas là.
Elle insiste.

Dis-lui que je t'ai mise enceinte, ça va la calmer direct.

…
(en cours d'écriture)
…

Trop tôt ?

☺

Dis-lui la vérité. Que je reste pour Kylian.

C'est la vérité ?

Joker.

Tu te souviens la question
que tu m'as posée juste avant que
l'alarme se déclenche ?… La réponse est oui.

…
(en cours d'écriture)
(en cours d'écriture)

MALIKA

Il ne m'a plus rien écrit.

J'ai gambergé toute la journée, j'ai tout imaginé.

La version qui est revenue le plus, c'est que, ça y est, il ne veut plus être avec moi.

Je comprends.

Je l'ai éjecté de ma vie. J'ai plus voulu de lui. À son tour.

Je suis dans le train du retour. Ma mère dort.

Les vieux disent que quand on aime, on a l'autre dans la peau, inscrit en filigrane.

J'écris Morten sur mon bras au stylo feutre.

J'appuie sur le contour des lettres plusieurs fois.

Comme ça, je l'ai dans la peau « physiquement ».

MORTEN

J'ai pas pu lui répondre.

Dès que mes doigts tapaient une réponse, je l'effaçais.

On est toujours ensemble.

C'est ce qu'elle dit.

Moi, je sais plus, c'est le bordel.

J'ai envie de la voir et j'ai plus envie, j'ai envie d'elle et j'ai plus envie, c'était simple, c'est devenu l'enfer.

Je l'ai regardée un peu sur Twitch.

Je suis pas allé au bout.

Trop envie d'un kebab.

Je suis retourné chez Kylian.

Toujours pas là.

J'ai demandé aux voisins.

Personne ne l'a vu. Parfois, je me dis qu'il gît dans son sang quelque part.

Je suis un peu taré quand je me mets à penser comme ça. Ça doit être tous les documentaires sur les serial killers que je me mate.

De retour chez moi, et je me fais un épisode sur Netflix d'une vieille série ado que ma mère kiffait : *Beverly Hills*. C'est nul à chier. Et puis je me mate un porno. Juste une scène, j'ai pas besoin de plus.

Sur ma table de nuit, j'aperçois les boucles d'oreilles que Malika a oubliées chez moi.

Faut que je les lui rende.

CARNET DE RAFFIA

Avril 1975

La loi qui dépénalise l'avortement a beau avoir été votée, de nombreux médecins font jouer leur clause de conscience et refusent de pratiquer l'IVG. Les salauds. Je tiens une permanence au Planning maintenant et des femmes nous rapportent souvent ça, qu'on a refusé de faire en sorte qu'elles soient prises en charge à l'hôpital.

Pour l'instant, l'IVG n'est pas remboursée par la Sécu et ça reste une somme à trouver pour les femmes (je dis les femmes parce que nombre d'entre elles n'en parlent pas à leur mari).

Ça s'arrêtera quand au juste cette bataille ?

[...]

Nous avons eu un grand débat au Planning hier. La loi Veil est une loi provisoire, valable cinq ans. Dans cinq ans, une autre loi devra être adoptée pour que l'avortement soit définitivement légalisé (je me pose toujours cette question : les lois qui profitent aux hommes et aux hommes seuls ne sont jamais passibles de révision et ce n'est pas être obscurcie par une vision féministe que de dire cela !). Deux camps s'opposent : celles qui veulent qu'on continue le combat, qu'on ne relâche pas la pression sur le gouvernement, qu'on organise des actions en continu, et celles qui pensent au contraire que cela va nous desservir.

Je ne sais pas encore à quel camp j'appartiens.

MORTEN

Chambre de Morten

Morten, Malika

MORTEN

Alors, Paris ?

Green Teens ?

MALIKA

T'as pas regardé le live ?

MORTEN

Pas jusqu'au bout.

MALIKA

C'était super.

Ça m'a encore plus motivée.

Elle tire un peu sur sa manche et je crois voir un truc écrit sur son bras, mais j'arrive pas à lire distinctement.

MALIKA

Toujours pas de nouvelles de Kylian ?

MORTEN

Rien.

Je suis resté planqué devant chez lui pendant deux heures et pas une visite, pas un mouvement.

Où est-ce qu'il est ?

SIRI

« Appel entrant de "Oscar". »

MORTEN

Siri, refusé.

Qu'est-ce que t'as d'écrit sur ton bras ?

MALIKA

Rien. Un pense-bête.

MORTEN

Un pense-bête écrit en si gros ? Ça doit être super important…

Elle dévoile son avant-bras et je vois mon prénom en lettres majuscules écrit au feutre noir.

MORTEN

Classe. Écrit comme ça, j'aime bien mon prénom.

Je repense à toutes les nuits où j'ai écrit le sien partout : sur des feuilles, sur des pages de magazine, avec mon doigt sur la buée de la porte de douche. Je l'ai même gravé sur l'écorce d'un arbre. Partout mais jamais sur ma peau.

MORTEN

Tu vois le grand chêne à la sortie du lycée ? T'iras jeter un œil dessus.

SIRI

« Appel entrant de "Oscar". »

MALIKA

Tu réponds pas ? Ça va pas mieux avec ton père et Fomb ?

MORTEN

Ça va super. Je vais avoir une petite sœur.

MALIKA

… C'est génial ! Non ?

SIRI

« Appel entrant de "Oscar". »

MORTEN

Je décroche, sinon, il va pas me lâcher.

Je coupe le mode haut-parleur. Je réponds sur mon téléphone, plus discret, et je rejoins Malika qui s'assoit sur mon lit. Un vieux réflexe.

… Allô ?

Oui.

Oui.

Ouais.

Ah super…

Ouais.

Malika se penche vers le téléphone. Je la laisse faire. Elle chuchote à mon oreille. Sa voix, si près, ça me fait vriller le bas-ventre.

MALIKA

Il dit quoi ?

MORTEN

Qu'il peut me faire entendre le bruit du cœur. Ils ont fait une échographie.

MALIKA
Vas-y.

Je remets le haut-parleur.
On entend le battement. Ça va super vite, comme si le bébé courait un cent mètres sans s'arrêter.
Malika sourit.

MALIKA
C'est… Trop… Mignon…

Et puis soudainement, elle sourit plus. Ça se coupe net sur son visage.
Elle regarde le haut-parleur et puis moi et puis le sol.
Le son du battement continue de résonner dans nos oreilles.

MORTEN
Papa, tu peux arrêter ?
Si, j'aime bien, c'est pas ça…
Je suis avec Malika.
Je te rappelle plus tard.

Je raccroche. Elle s'allonge sur mon lit, sans un mot. Ses yeux s'arrêtent sur les lézardes au-dessus d'elle, au plafond.

MALIKA
J'ai la sensation que tout le monde me regarde au lycée.
Que tout le monde se dit : c'est elle.
La fille qu'a avorté, c'est elle. Comme si j'avais eu le choix.

Je vois leurs yeux me fixer et je trouve ça injuste. Parce que j'ai aussi un petit peu sauvé le monde… Tu le sais, toi, hein ? Je suis restée No Kids. J'ai pas fait venir un enfant de plus sur la planète.

Ses yeux se mouillent. Je pose ma main sur la sienne.

MORTEN
Je suis fier que tu l'aies fait.
Que t'aies choisi de pas le garder.

Vibration sur mon téléphone.

MORTEN
Qu'est-ce qu'il me veut encore ?
Nine ? Genre *eight, nine* ?

Vibration de nouveau.

MORTEN
Ah ouais non, d'accord, c'est le prénom de ma sœur.
MALIKA
Non mais c'est pas *nine*, c'est Nine.
Comme Anaïs Nin.
MORTEN
C'est qui ça encore ?
MALIKA
Une féministe.

MORTEN

Parfois, je me demande si y a une meuf que tu connais qu'est pas féministe.

MALIKA

Y en a plein.

... Tu lui as dit à ton père ?

MORTEN

Non. Il m'aurait fait la morale pendant trois jours. Et j'aurais eu droit au camp de scout, à la version hardcore, celle en bermuda, en haute montagne.

Elle se relève et rit. Sa queue-de-cheval fait comme des petits bonds à l'arrière de sa tête.

On est interrompus par un message qu'on reçoit tous les deux en même temps. Nos téléphones vibrent ensemble. Je le sors de ma poche, Malika de son sac.

MALIKA

C'est lui.

MORTEN

« Je vais bien.

Je rentre lundi. »

Je la prends dans mes bras, de joie.

Je la serre, de joie. Et puis je panique et je m'écarte.

MORTEN

Je vais aller faire un tour en ville, ça te dit ?

Je chope une casquette, celle des Celtics de Boston, et je commence à mettre mes baskets. Je rabats les Velcro.

MORTEN
Ce qui est cool, c'est que Kylian va bien.

Quand je relève la tête, Malika est déjà plus là.

4.

MORTEN

Salle de repos

Malika, Morten

MORTEN

Salut.

Je m'approche d'elle et je lui fais la bise. C'est super étrange de plus l'embrasser sur la bouche. À chaque fois, ça me le fait.

MALIKA

Salut.

Elle se tient devant les portraits au mur. Celui de Gisèle Halimi est de travers, elle le remet droit. On attend Kylian. Moi, debout contre la porte, elle assise sur les coussins morue-patchouli.

MALIKA

T'as fait quoi ce week-end ?

MORTEN

Je suis allé à Moront avec mon père et Dorothée.

MALIKA

C'était bien ?

MORTEN

Je me suis un peu fait chier.

J'ai toujours pas droit au portable, encore pire depuis qu'on doit protéger le bébé des ondes.

Fallait que je marche trois cents mètres pour trouver du réseau.

Dorothée lui a dit qu'ils pouvaient peut-être remettre le wi-fi le temps où j'étais là mais mon père a pas voulu.

MALIKA

Ça va mieux elle et toi ?

MORTEN

Elle est plus cool que ce que je pensais.

Je regarde mon téléphone, je fais le tour de mes réseaux.

Je laisse un grand silence.

Je lui dis pas à quel point j'ai pensé à elle.

LA VRAIE VERSION DE MON WEEK-END (OÙ J'AI PENSÉ À MALIKA)

Je suis arrivé le vendredi soir. Je la connais bien la maison de Moront, je connais tous ses recoins, c'est la maison d'enfance de mon père, et je viens là depuis que je suis tout petit. Il y a un jardin immense dans lequel on a construit une cabane, tout un étage pour moi dans un chêne. Avant, je jouais au chevalier là-bas, maintenant je passe des après-midi à mater des vidéos que j'ai téléchargées avant de venir. J'aime bien cette maison, c'est pas ça, mais c'est bien quand t'es un chevalier et que tu cours après les poules du voisin avec ton bâton. À seize ans, c'est l'enfer, le trou paumé. Et puis on a passé tellement de temps avec Kylian à imaginer qu'elle était remplie de fantômes cette maison, que maintenant je suis pas loin de croire qu'il y en a vraiment. J'entends souvent des bruits, des craquements, et dès que ça revient la nuit, je me fais des films.

Mon père essaye de me faire jardiner avec lui dans son potager. Il s'est mis en tête de nous nourrir ma mère et moi avec ses légumes chelou. Quand je le regarde vivre, je suis pas sûr d'avoir quelque chose en commun avec lui. Je suis pas comme Kylian qui était super proche de son père. Il kiffait de partir en vacances ensemble. Moi, non. Les gendarmes, l'armée, tout ça, ça me gonfle et j'aime pas non plus avoir mes semelles pleines de boue ou de paille ou de crottin. Mes Stan Smith blanches y survivraient pas.

Vendredi soir, on a regardé un film sur Netflix, c'était pas fameux, mais au moins on a pu regarder un truc. Ensuite je suis allé me coucher. Je dors toujours dans le même lit, le même que celui dans lequel je dormais quand j'étais au collège.

J'ai hâte de refiler cette chambre à ma petite sœur. Moi, j'irai dormir dans le grenier que mon père et Dorothée retapent en ce moment.

Samedi matin, j'ai dormi jusqu'à midi. Une fois réveillé, j'ai pensé à Kylian (putain, mais t'étais où ? Ils t'ont enfermé quelque part ?) et, ensuite, j'ai pensé à Malika. Ça me fatigue de l'attendre, et ça m'a saoulé qu'elle me plante l'autre jour. Mais en même temps, sous la douche, à table, sur mon lit, en me branlant, je pense souvent à elle. Je sais pas ce qui va se passer parce que chaque fois que je la vois, c'est le bordel dans ma tête, c'est le bordel partout.

Samedi après-midi, Dorothée a voulu qu'on aille se promener tous les deux. J'essaye de pas la vouvoyer, mais j'arrive pas à oublier que ça a été ma prof l'année dernière. C'est vraiment bizarre de la voir là dans cette maison avec le ventre rond et mon père à côté, complètement love.

Elle fait vieille mais, en fait, elle est pas vieille.

Elle est cent fois plus cool que mon père.

Quand on s'est promenés dans la forêt, elle a commencé à me raconter plein de trucs sur les arbres et les feuilles et les écureuils. Je savais déjà à peu près tout mais comme elle avait l'air super contente de me parler de ça, j'ai rien dit.

Ensuite, on a parlé du lycée, de ma vie, et elle m'a parlé de Malika aussi. Elle a dit que la prochaine fois, je pourrais venir avec elle, qu'elle trouvait que c'était une jeune fille vraiment digne d'intérêt, qu'elle savait que c'étaient nous deux, les murs peints aux slogans de No Kids et qu'elle avait trouvé ça courageux, que ça l'avait obligée à réfléchir, même si elle ne peut pas non plus applaudir des deux mains. J'écoutais, je répondais à peine et c'est comme ça qu'au milieu de la forêt, au milieu des arbres, au milieu des fleurs, et au milieu des oiseaux, j'ai repensé que, la dernière fois, on était venus ici tous les deux, et qu'on avait fait l'amour quand mon père était parti faire des courses. C'était bien, je m'étais cogné la tête contre la poutre et j'arrivais plus à enlever mon caleçon parce qu'un fil s'était détaché et me barrait la jambe, mais c'était bien quand même.

Dorothée m'a dit qu'elle allait faire en sorte qu'on commande des pizzas le soir même et ça, même si mon père était pas d'accord. Elle m'a demandé quelle pizza j'aimais, alors j'ai fait la liste de tous mes ingrédients préférés. J'étais à peu près sûr qu'elle allait en oublier la moitié parce qu'elle avait rien noté.

On a marché comme ça une heure et puis il s'est mis à pleuvoir, alors on est rentrés.

Mon père était dans son potager avec ses bottes aux pieds. Parfois, quand il s'arrête de bouger, on dirait un épouvantail de loin. Il m'a fait des grands signes pour que je vienne le rejoindre mais déjà que je le rejoins pas quand il fait un grand soleil, hors de question de le rejoindre sous la pluie.

Je suis allé jouer à la Play. (Je viens toujours avec ma console parce que y a rien à faire ici sinon.)

Dorothée a fait une partie avec moi, je vois bien qu'elle essaye de s'intéresser.

On a reparlé de No Kids, elle m'a demandé si je pensais que c'était une si grande erreur que ça de faire venir un nouvel être au monde, elle pensait à ma sœur, je suis pas stupide, et j'ai répondu que ça dépendait des situations. Mon père n'est pas aussi compréhensif. Quand il a su ce que j'avais fait au lycée, il m'a juste écrit un mot, un vrai mot sur du papier : « Tu as les combats que tu veux mais tu respectes la loi. Je suis d'accord avec maman pour toutes les sanctions et je t'annonce que pour l'iPhone que tu voulais, tu vas patienter encore longtemps. » Mon père, c'est un gendarme qui jardine. Jamais un écart, jamais une connerie. C'est le type le plus ennuyeux que je connaisse.

Il a fini par rentrer à la maison, les bottes pleines de boue et de paille. On a pu commander une pizza, et, incroyable mais vrai, la mienne avait tous les ingrédients que j'avais donnés.

On a fait un jeu de société ensemble, j'ai gagné, mon

père a commencé à bâiller, je suis allé me coucher dans mon petit lit, et le lendemain matin quand je me suis réveillé, c'était l'heure de partir.

J'ai pas rêvé de Malika cette nuit-là.

MALIKA

Salle de repos

Malika, Morten

On se regarde et on se parle à moitié. On fait tout à moitié. Les mots, les silences, les gestes. Même la bise, on se fait une demi-bise.

Ses doigts font défiler des images sur son écran de téléphone. Il me questionne, l'air vague.

MORTEN

Et toi ? T'as fait quoi ce week-end ?

MALIKA

J'ai rédigé un édito. Green Teens m'a demandé de l'écrire pour leur prochain fanzine.

MORTEN

Trop bien ! C'est génial ! Bravo ! Et t'as fait quoi d'autre ?

MALIKA

Pas grand-chose.

Je laisse un grand silence. Je reste assise sur mon coussin morue-patchouli. Les pieds au sol, j'entoure mes genoux de mes bras, mon menton posé sur mon poignet.

Je ne lui dis pas à quel point j'ai pensé à lui.

LA VRAIE VERSION DE MON WEEK-END (OÙ J'AI PENSÉ À MORTEN)

Je suis rentrée vendredi soir du lycée.

Comme tous les soirs, ma mère m'a demandé comment s'était passée ma journée.

J'ai parlé de tout sauf de Morten parce que je sais que si je lui en parle, tous mes secrets vont être dévoilés. Je vais me mettre à pleurer et elle saura tout. (Je sens que j'arrive au bout de mes mensonges, et c'est bizarre, mais maintenant que c'est passé, j'ai l'impression que ce sera plus facile de lui dire. J'hésite quand même. Je veux tellement pas la décevoir.)

Après le repas, mon père a dit qu'il regarderait bien le replay de *La France a un incroyable talent*, et ma mère a levé les yeux au ciel. Elle m'a chuchoté en souriant : « Parfois, je me demande comment j'ai pu tomber aussi amoureuse de ton père. » Ma mère, la seule chose qui l'intéresse, ce sont les livres. La télévision, elle trouve que c'est un somnifère (« Regarde ton père comme il s'endort devant ») ou un excitant qui rend stupide (« Regarde-les s'agiter et répéter les mêmes mots, mais quelle paresse »). Elle la regarde quasiment pas.

Les réseaux, c'est pire. Si c'est pas pour défendre des causes, c'est dangereux.

« Tu sais qu'à force de regarder TikTok toute la journée, il y a des adolescents qui n'arrivent plus à se concentrer plus de deux minutes parce que leur cerveau est trop habitué à passer d'une image à l'autre ? »

Elle est radicale, ma mère. C'est comme ça. Elle aide des gens, elle sauve des gens, et elle a peur de personne.

Elle est connue dans tout le quartier pour ça.

Je l'admire.

Quand elle est partie se coucher, j'ai rejoint mon père dans son bureau pour regarder *La France a un incroyable talent.* Ils ont montré une femme qui jouait de la musique avec son sexe. Pour de vrai.

« Heureusement que ta mère n'est pas là !... »

J'ai vu un garçon dans un numéro de jongle qui ressemblait à Morten. Je sais qu'il est à la campagne ce week-end et qu'il peut pas appeler, vu que son père a installé un brouilleur d'ondes, mais je garde quand même mon téléphone près de moi parce qu'on sait jamais, il a peut-être pu s'échapper, peut-être qu'il est allé là où il y a du réseau, et peut-être qu'il pense à moi, peut-être que, lui aussi, il a eu envie de m'embrasser quand on s'est enlacés après avoir reçu le SMS de Kylian... mais... rien, aucun message.

J'ai continué à regarder un peu la télé et puis je suis allée me coucher. J'ai fait le tour de tous les comptes No Kids sur les réseaux et j'ai lu les dernières nouvelles. Apparemment, il y a une pilote de voiture de course super connue qui s'est engagée pour le mouvement. Je suis allée voir. Elle est très belle.

J'ai pas réussi à m'endormir.

Je pensais à Morten.

Je pensais à la maison de Moront, aux grandes pièces et aux vieux meubles, je pensais que la dernière fois qu'on y est allés ensemble, on a vu comme une ombre derrière le brouillard à l'orée du bois et qu'on s'est racontés que c'était la Dame blanche.

Je me souviens que j'ai pas eu peur parce que je savais que j'allais dormir avec lui. (On attendait que son père s'endorme et qu'il n'y ait plus un bruit dans la maison pour que je le rejoigne dans sa chambre.)

Le samedi matin, je me suis réveillée tard.

J'ai petit-déjeuné des beignets et des croissants que mon père était allé acheter.

Ma mère était déjà dans son bureau, à travailler.

MORTEN
Il est 8 heures. Il va arriver.
MALIKA
Je pourrais te lire mon édito ?
MORTEN
Je t'écoute.
MALIKA
Pas maintenant.
Ce soir, chez toi ?
MORTEN
Ici. Parce que chez moi, y aura mon père et Dorothée.

MALIKA
On pourrait aller dans ta chambre.
MORTEN
Ici, ce sera mieux.

Il reste contre la porte.
Il ne bouge pas.
Toujours le regard collé à l'écran de son téléphone.
On frappe à la porte trois fois.

KYLIAN

Salle de repos

Kylian, Malika, Morten

Quand j'entre, Morten me prend dans ses bras direct et me serre contre lui, comme jamais. Ça m'étouffe, je suis pas habitué, je fais un pas de côté.

MORTEN

J'ai eu peur ! Tu me refais jamais ça !

Malika se lève et me prend aussi contre elle. On se serre à trois. J'aime pas ça, qu'on se colle à moi, je leur tapote dans le dos vite fait, et je prends de l'air en gonflant bien les poumons, histoire qu'ils s'éloignent.

MORTEN

On a imaginé des trucs horribles.

KYLIAN

Je pouvais pas vous appeler ou vous écrire. Désolé.

MORTEN

T'étais où ?

KYLIAN

Quelque part.

MORTEN

Je suis ton ami, je suis ton frère. Tu peux me le dire ?

KYLIAN

Pas cette fois.

Il pense que je déconne. Il me teste du regard et relève un peu le menton, comme pour me mettre au défi.

MORTEN
Allez…
MALIKA
Il dira rien.
KYLIAN
Ça sent encore le poisson ici. Mais y a autre chose avec…
MALIKA
Du patchouli.
MORTEN
C'est un mélange spécial Malika.
KYLIAN
C'est pire.

On se marre tous les trois. Je shoote dans les coussins, c'est pas supportable, cette odeur. Malika est debout près des portraits de sa grand-mère et de Beyoncé (j'ai pas retenu son vrai nom alors pour moi, cette femme, c'est Beyoncé chez les avocates), Morten et moi, on est près de la porte. Malika porte une robe à fleurs et elle s'est maquillée un peu les yeux. Ça arrive pas si souvent.

MORTEN
Ma mère t'a dit pour le concours ?
L'école du cirque offre les frais d'inscription pour celui qui gagnera. Fac de marionnettiste, c'est pas mal.

KYLIAN

Elle vient de me le dire, oui.

MORTEN

Et tu vas le faire ?

KYLIAN

Je pense.

Je pose mon Eastpak sur le lit. Je ramasse une gomme, passée à travers un trou.

MORTEN

T'étais malade ? Tes coups au cœur ?

Aucune envie de parler de ça.

MORTEN

Ta mère a vrillé parce que t'es Ace ?

On t'a enfermé ?

Ils ont voulu te remettre droit ? Ils ont des camps comme ça aux US pour les jeunes gays…

KYLIAN

Non.

C'est pas ça.

Je me serais jamais laissé faire.

Et puis ma mère me comprend pas mais pas à ce point. Elle pense que je fais ma crise d'ado, que ça me passera.

MORTEN
T'ÉTAIS OÙ ?
MALIKA
Laisse-le. Il a pas envie de nous le dire.
MORTEN
Je le connais un peu mieux que toi.
Je connais un peu mieux sa vie.
KYLIAN
Je veux pas me prendre la tête avec vous.
Je dirai rien, point barre. Ni à l'un ni à l'autre.

Je checke l'heure sur mon téléphone. Mes cheveux me tombent sur les yeux, alors je les attache en tirant bien dessus.

KYLIAN
Faut que je trace. Je dois rattraper mes cours.
Je veux pas moisir ici un an de plus.

Une boîte de médicaments tombe de ma poche. Je la ramasse vite, mais Morten a le temps de la voir. Pas Malika : elle est occupée à remettre le portrait de Beyoncé bien droit sur son clou.

KYLIAN
À ce soir. Je dors chez toi.
MORTEN
Tu t'es toujours pas réconcilié avec ta mère ?
KYLIAN
C'est moi qui ai décidé de pas rentrer.

KYLIAN
À plus.
MALIKA
Tu m'as manqué.
KYLIAN
Arrête… ou je vais pas pleurer.

Je sors.

MORTEN

Salle de repos

Morten, Malika

MORTEN

Fluoxétine.

C'est le nom du médicament qu'il a fait tomber.

Regarde…

Je lui tends l'écran de mon téléphone.

MORTEN

C'est un antidépresseur.

Il est en dépression.

C'est quoi ce bordel ?

MALIKA

On sait pas.

MORTEN

Lis ! Dépression : chagrin écrasant, profonde tristesse.

Pour un mec qui pleure jamais, c'est fort.

MALIKA

J'en connais plein au lycée qui prennent des somnifères ou des anxiolytiques depuis la Covid.

MORTEN

Je m'en fous des autres. C'est pour lui que je flippe.

Je continue à lire la tonne d'infos que je trouve sur Google. Malika remet en place les coussins que Kylian a balancés dans toute la pièce.

MORTEN

Symptômes : irritabilité.

Un peu. En même temps, si tu le gonfles, tu le trouves.

Agressivité. Non. Pas plus que ça. Il est pas agressif ?

MALIKA

Non.

MORTEN

Excitation débordante. C'est pas lui ça...

Malika vient tout contre moi pour lire la suite.

MORTEN

Tendance à l'isolement.

Ça d'accord, mais il était déjà solitaire au CP.

Automutilation, pensées suicidaires...

Quand même pas...

MALIKA

C'est toi qui le connais le mieux.

MORTEN

Faut croire que non.

MALIKA

Tu le connaissais son père ?

MORTEN

Oui.

MALIKA

Ils étaient proches ?

MORTEN
Proches à la Bâtard. T'as l'impression que non alors que oui.

La sonnerie retentit. Malika commence à partir.

MALIKA
T'as pas cours ?
MORTEN
Non.
MALIKA
Tu restes là ?

J'acquiesce. Malika sort. Coup d'œil sur son bras : plus de trace de mon prénom.

Son dos disparaît dans l'embrasure de la porte. J'ai pas osé lui dire que je la trouvais canon dans cette robe.

Je fixe le portrait de sa grand-mère au mur et je sais pas pourquoi, je me mets à lui parler.

MORTEN
Mon pote de toujours, celui que je pensais être le plus proche de moi, celui que je pensais bien connaître, il est écrasé par le chagrin.
C'est pas moi qui le dis, c'est Google.
Je comprends rien.
Je sais pas comment l'aider.
Je fais quoi ?
Parce que, avec Malika, j'ai pas su.

Elle est tombée enceinte.

De moi.

Elle a avorté.

Sans moi.

L'autre jour, elle s'est endormie, je lui ai pris son carnet et en attendant qu'elle se réveille, je l'ai lu.

Dedans, vous avez écrit qu'il y a toujours une solution à tout.

Alors je fais quoi ?

Quelqu'un frappe et pousse la porte lentement. Je me retourne.

KYLIAN

T'es encore là ?

MORTEN

J'y vais.

KYLIAN

On bouffe ensemble si tu veux.

Je finis à la demie.

MORTEN

T'as pas cours, là ?

KYLIAN

EPS.

Je suis dispensé.

Quoi ? Fais pas cette tronche.

Je lui souris. Je sais pas où je suis allé le chercher ce sourire-là.

Il garde une main bien serrée contre sa poche, au cas où la boîte de médicaments s'échappe encore, je suppose.

Il me checke.

Je sors.

KYLIAN

Salle de repos

KYLIAN

Je suis pas heureux, papa.

J'ai réalisé ça là-bas. Quelle claque ! Le dire à voix haute et entendre d'autres gens le dire.

Je crois que les mots, ils ont un truc qui éclate le cerveau, qui balance la rage.

J'ai pu parler de mes vertiges sans passer pour un dingue ou un faible. Ça vient avec le chagrin, ces trucs, il paraît.

Il paraît aussi qu'il faut parler, alors j'ai tout balancé : ma mère qui bosse tout le temps, qui me parle pas, qui fait comme si t'étais pas mort (la maison a pas changé depuis que t'es plus là, y a encore ton manteau à l'entrée et tes godasses, celles que tu mettais pour aller à l'usine), ton frère qui me harcèle pour me présenter à des filles parce qu'il veut pas se rentrer dans le crâne que j'aime pas baiser, et toi... toi qu'es plus là et moi qui te parle quand même.

On m'a écouté là-bas et personne m'a dit : t'es cramé, mon pote, t'es complètement cinglé.

J'avais droit à deux heures de télé et j'ai vu un truc dingue dans un reportage : un type était sur un âne dans un pays où y a rien, un pays où presque tout le monde est pauvre. Autour de lui, y avait que de la caillasse.

Mais même là, même dans ce trou, il souriait, il avait l'air heureux.

Heureux à fond comme quand tu ramenais des cadeaux à maman et de la morue toute fraîche et qu'elle t'embrassait et que c'était le bonheur.

Tu sais ce que je me suis dit ?

Que je voudrais être comme le type sur l'âne.

Je veux pas qu'on me dise quoi faire et qui être.

Je veux pas qu'on me dise qui aimer et comment.

Je veux être heureux.

Je veux être moi, même si y a que de la caillasse tout autour, je veux être moi.

CARNET DE RAFFIA

Janvier 1977

J'ai appris hier que Mahmoud serait muté à la rentrée à l'université de Dijon. Je vais devoir quitter Paris et Gisèle et toutes mes amies. On a trouvé une petite maison à la lisière de la ville, tout près de la campagne. Je me dis que ce sera bien pour Élisabeth de grandir pas loin des arbres.

J'ai envoyé mon CV dans plusieurs endroits, j'attends des réponses.

Paris n'est pas si loin, c'est ce que je me dis quand la nostalgie me prend.

Et Gisèle m'a promis de venir régulièrement. [...]

Quel chemin parcouru quand je relis ces carnets.

Je me demande parfois ce que je vais en faire. Je les donnerai à ma fille si ça l'intéresse, peut-être, ou à ses enfants si elle en a.

Je les transmettrai, ce sera mon héritage et pas que le mien, celui de toute une histoire de femmes.

Mais comme je pense ! Comme j'écris ! Il est 8 heures et je suis en retard pour déposer Élisabeth à l'école.

Tout cela est si loin !

MALIKA
Salle de repos
Morten, Malika

Une ombre se glisse près de moi. Pile à l'heure de notre rendez-vous.

MALIKA
J'ai pas allumé la lumière.
J'ai mis des bougies. Je trouvais ça plus sympa.
MORTEN
C'est étrange de se retrouver là la nuit.
T'es passée par la porte de derrière ?
MALIKA
Oui, j'ai encore la clé.
Je savais pas si t'allais venir.
MORTEN
Si je te dis que je viens, je viens.

Je sors mon téléphone.

MALIKA
Ma mère m'a un peu aidée.

La flamme de la grande bougie va dans tous les sens. Je commence à lire mon édito.

« No Kids/Dijon est né de ma rencontre
avec Morten Karlsson.
Nous partageons les mêmes idées sur l'urgence
de protéger notre planète et toutes ses ressources
et le mouvement No Kids est notre solution.
"*No kids but a future*", "*No kids, more life*",
"*No kids, no plastic, a planet*", tous ces slogans alertent les
habitants et les lycéens sur l'état de notre Terre. C'est
tout sauf du bluff. Tout sauf une blague.
C'est notre génération en train de dire
qu'elle ne veut pas de la suivante. »

Il m'écoute, le visage tourné vers moi. Avec la lumière des bougies, il est parfois dans l'ombre et je perds ses yeux de vue.

MALIKA

« Savez-vous comment ceux qui nous suivent
appellerons le XXe siècle et le début du XXIe ?
Le siècle du plastique.
Nous serons résumés à ce mot.
La grande invention du XXe siècle est un poison.
Pour inverser le cours des choses,
il ne faut plus avoir d'enfants. »

Il souffle sur une bougie. La flamme danse. On est comme deux ombres autour des lumières.

MORTEN

C'est fini ?

MALIKA
… Oui.
MORTEN
C'est bien.

J'y suis. Un peu de courage, plus que ça même : de la bravoure. J'ouvre une autre page sur mon écran. Sous mes yeux, une lettre que je lui ai écrite. J'ai le cœur qui se déchire un peu. J'ai découvert que j'avais des battements « Morten » : c'est comme si ma poitrine était coupée en deux, comme si une fermeture Éclair montait et descendait dessus. Ça râpe, ça frotte, ça serre.

MALIKA
« Je t'aime parce que la nuit, quand on dormait ensemble, tu parlais et que parfois, tu disais mon nom.

Je t'aime parce que tu viens peindre des murs avec moi, même si tu risques gros (d'aller chez les scouts).

Je t'aime parce que tu plies tes caleçons en pile même si c'est la seule chose que tu plies et que tu te caches de moi quand tu portes ceux avec des motifs de poneys fluo.

Je t'aime parce que tu me fais rire.

Je t'aime parce que tu me laisses gagner à Super Mario Kart alors que je suis nulle et qu'on sait très bien que je suis nulle.

Je t'aime parce que tu mets du parfum derrière tes oreilles parce que t'as vu un jour que Batman faisait ça dans une BD et que tu trouvais ça cool.

Et je t'aime parce que c'est pas vrai (j'ai demandé à Kylian qui connaît toutes les histoires de Batman par cœur).

Je baigne dans le silence, celui qui pèse quand on attend le mot qui suit et qu'on veut entendre la voix de l'autre et que rien ne vient.

Il le rompt juste par :

MORTEN

Je...

Et puis un autre silence. Il prend sa tête entre ses mains. Je viens m'asseoir à côté de lui. Avec les bougies, c'est super romantique. Ça pourrait. L'une d'elles s'éteint. Je gratte une allumette et je la rallume. Je veux voir tout son visage.

Il se tourne vers moi, je pose mes lèvres sur les siennes. On reste comme ça quelques secondes. Il enlève ses lèvres des miennes. On se regarde, il ne bouge plus, on ne s'embrasse plus, je suis tellement gênée que je pars à toute vitesse.

MORTEN

Salle de repos

Morten

MORTEN

J'ai flippé, je flippe.

Je comprends rien.

J'attends ça pendant des jours, des semaines et je flippe !

Quand elle a posé ses lèvres sur les miennes, ça m'a fait comme une décharge électrique. Pas comme d'habitude, pas les papillons ou la chaleur, un truc différent.

KYLIAN

Salle de repos

KYLIAN

Papa, écoute ça…

Je suis dans la chapelle là-bas. (J'aime bien y aller, y a personne.)

Je suis assis tout devant.

La chapelle est vide.

Je suis au premier rang. Y a une petite statue en bois de la Vierge Marie juste au-dessus de moi. Comme d'hab, je garde mes écouteurs même si j'écoute rien, pour être sûr qu'on me foute la paix. Une femme passe devant moi. Elle change l'eau des fleurs dans les vases.

C'est calme ici.

Même le bruit du dehors, tu l'entends pas pareil.

Je ferme les yeux.

J'entends un craquement, un et puis plusieurs.

Je pense que c'est la chaise sur laquelle je suis assis.

Je me dis que les chaises en osier, c'est pas confortable et que ça gratte le cul et que c'est normal que personne vienne jamais prier.

Mais ça continue de craquer, de plus en plus.

Ça vient de plus haut.

Je lève les yeux.
J'ai pas le temps de l'éviter.
La Vierge, son visage et son buste plongent vers moi. Au passage, ça arrache mes écouteurs.

La dame qui change l'eau des fleurs, elle dit que c'est jamais arrivé qu'une statue se décroche de son socle comme ça. Elle comprend pas, elle panique, elle dit qu'elle va appeler le curé.

Je garde la Vierge en bois sur les genoux.

Quand je pars, elle murmure : « Elle vous est tombée dans les bras, vous êtes béni. »
Je sais pas trop ce que ça veut dire, mais je crois que ça t'aurait fait rire.

MALIKA

Salle de repos

Malika, Kylian

Trois fois à la porte, comme d'habitude.

KYLIAN
T'es là depuis longtemps ?
MALIKA
Je viens d'arriver.

Je lui fais la bise et je lui tends tout de suite son médaillon.

MALIKA
Merci. Ça m'a aidée.
KYLIAN
Ça a marché ?
MALIKA
Oui.
T'es là.

Il l'attrape et le glisse dans sa poche.

KYLIAN
Tu me demandes pas où j'étais ?
MALIKA
Non.

Je nettoie les dernières traces de cire tombées sur le sol en les grattant avec mon ongle.

KYLIAN

Y avait une fille qui te ressemblait là-bas.

Une grande gueule comme toi, du genre à refaire le monde et à tracer sa route bien droit.

MALIKA

Je suis comme ça, moi ?

KYLIAN

T'es carrément comme ça.

MALIKA

Elle s'appelait comment ?

KYLIAN

Léa.

MALIKA

Vous étiez beaucoup ?

KYLIAN

Pas mal.

Et toi. Avec Morten ?

MALIKA

Point mort.

Toi avec Gabrielle ?

KYLIAN

Je sais pas. Je lui ai pas parlé pendant quinze jours et je veux pas lui dire où j'étais.

Ça fait beaucoup mais elle a l'air de tenir à moi.

Il m'est arrivé un truc dingue là-bas, dans une chapelle… Je te raconte ?

Il se penche vers moi et commence à tout me raconter, sa bouche proche de mon oreille.

Je gratte la cire qui reste encore collée sur le sol.

Je l'écoute.

CARNET DE MALIKA

(TEXTE ÉCRIT P. 26 DU CARNET DE RAFFIA, MARGE GAUCHE ET BAS DE PAGE)

Je sais que je pourrais écrire ailleurs mais c'est dans ton carnet que j'ai envie d'écrire maintenant, dans la marge, en bas des pages, partout où y a de la place.

Ce sont ces pages-là que j'ai envie de noircir, pas d'autres.

Avec Morten, c'est difficile.

Je l'ai embrassé et il puis il s'est enfui (c'est mon premier amour, difficile de tout résumer ici).

Je sais pas ce qu'on va devenir.

Je sais pas si notre histoire ne va pas s'arrêter là.

Je veux pas, oh non, je veux pas.

MALIKA

Je lis pour oublier Morten et son baiser fuyant.
J'ai emprunté une BD sur Simone Veil au CDI. Je me souviens vaguement de la cérémonie quand elle est entrée au Panthéon, c'est une des rares fois où ma mère est restée devant la télé tout un après-midi.

Je ne me rends pas compte, les camps, l'horreur, la déportation, et tous les combats qu'elle a menés après, je veux dire je ne me rends pas compte ce que ça fait vraiment à l'intérieur de soi (l'avortement, si, je sais maintenant, et je laisserai jamais personne en parler à ma place, le jour où je pourrai en parler…).

J'y pense.
J'y pense encore.
… J'ai regardé dans la cuvette des toilettes.

MORTEN

14 heures à l'horloge du micro-ondes.

Kylian est retourné chez lui voir sa mère.
Je suis tout seul ici.
Le lycée est vide.

Elle m'a embrassé.
J'en avais super envie sur l'instant et juste après, plus rien.
Et après encore, super envie.
Fait chier.
C'est trop compliqué, l'amour.

KYLIAN

Je viens voir ma mère. Je mets la clé dans la serrure, la porte est défoncée depuis qu'on a essayé de l'ouvrir au pied-de-biche.
Elle est pas là.
Elle avait dit qu'elle serait là.

Je prends direct le manteau de mon père et ses godasses et je les balance dans un sac. Sur la table de la salle, je vois encore ces putains de coloriages arc-en-ciel. Je les déchire.
Rien à foutre.
14 heures, les cloches sonnent, ça fait un bruit pas possible quand le vent souffle.
Elle avait dit qu'elle serait là.

Je vais dans la salle de bains et je jette dans le sac sa brosse à dents et son rasoir, tout ce qu'il utilisait, tout sauf son parfum, j'y touche

MALIKA

J'ai vu le petit bout
de sang un peu
visqueux. C'était
pas facile.

Dans plein
d'endroits dans
le monde, c'est
interdit de se faire
avorter, même
en cas de viol.
Ma mère dit que
rien n'est jamais
acquis, que rien
n'est jamais gagné,
même en France, ça
peut redevenir pire.

Elle dit comme sa
mère.
Comme Simone,
comme Gisèle.
Comme tellement
de femmes avant
nous.

14 heures à mon
portable.
Je lis pour oublier
Morten et son
baiser fuyant.

Ça marche pas.
J'ai le cœur aussi
ravagé à la fin
de la BD qu'à la
première page.

KYLIAN

pas, si je le sens
rien qu'un peu, ça
me crève le bide.

J'appelle ma mère,
répondeur.
Je laisse un
message.
J'attends encore
un peu.
Elle avait dit
qu'elle serait là.

MORTEN

Chambre de Morten

Kylian, Morten

Nuit noire.

Kylian est déjà couché, ses pieds sortent de la couette.

Où qu'il dorme, les lits sont toujours trop petits pour lui.

MORTEN

… Tu veux toujours pas me dire où t'étais ?

KYLIAN

Ça changerait quoi ?

MORTEN

J'arrêterais de me faire des films.

KYLIAN

Comme ?

MORTEN

Vaut mieux pas que je te le dise.

Si je savais, je pourrais comprendre, je pourrais t'aider.

Ma mère, elle sait ?

KYLIAN

Oui.

MORTEN

Je vais lui injecter du sérum de vérité.

KYLIAN

Mets la dose parce qu'elle est pas du genre à balancer facilement.

MORTEN
Ou je lui cuisine des *space cakes* ?
KYLIAN
T'y tiens tant que ça à te misérer chez les scouts ?

Je plie mon oreiller en deux, histoire de pas être complètement à l'horizontale.

MORTEN
Je sais que tu prends des antidépresseurs.
J'ai vu la boîte de médicaments.
KYLIAN
C'est à ma mère.
MORTEN
C'est à cause de tes coups au cœur ?
KYLIAN
C'est pas des coups au cœur.
MORTEN
C'est quoi alors ?
KYLIAN
C'est… des vertiges. Des crises de vertiges.
Mais les médocs, c'est à ma mère.

Il tire sur la couette. Un coup sec.

MORTEN
Pourquoi tu m'as rien dit ?
KYLIAN
T'étais focus sur Malika.

Je vois sur le plafond l'ombre des voitures qui roulent sur le boulevard. Kylian aime pas dormir les volets fermés.

MORTEN

Je sais que c'est pas ta mère qui prend les médocs.

KYLIAN

Crois ce que tu veux.

Le camion poubelle dans la rue envoie ses bruits de chantier. Il est tout près de nous.

MORTEN

Je savais même pas que t'avais une nouvelle copine.

KYLIAN

T'as pas demandé.

MORTEN

Tu me racontes… ?

Je le pousse un peu dans le dos.

KYLIAN

On est en cours d'anglais ensemble. Je l'aime bien. Elle m'aime bien.

MORTEN

Tu lui as dit que t'étais Ace ?

Le camion charge un container. On entend le contenu se déverser entre les grosses dents métalliques. Kylian se tourne sur le côté et se met dos à moi.

KYLIAN
Si tu blablates comme ça tous les soirs, je vais aller dormir à côté de l'infirmerie.

MORTEN
Non, c'est bon.

KYLIAN
T'avises pas de me coller.
Bonne nuit.

Mes yeux sont grands ouverts. Impossible de les fermer. Le camion en bas continue son exercice de broyage. Y a des dizaines de poubelles au lycée.

MORTEN
Dis Siri, je dois faire quoi si mon meilleur pote me parle plus ?

SIRI
« Il faut prendre le temps. Ne le brusquez pas. »

Je pose une main sur son épaule. Il garde les yeux solidement fermés.

MORTEN
Je te brusque ?

KYLIAN

T'es lourd.

SIRI

« Vous pourrez lui écrire un message pour lui dire ce que vous ressentez. Laissez-lui du temps. Évitez les reproches ou le chantage affectif.

Dites-lui que vous l'aimez. »

KYLIAN

La ferme.

MORTEN

Je peux quand même te dire que t'es mon pote et que ça changera jamais ?

KYLIAN

Bonne nuit.

MORTEN

Prends pas toute la couette.

KYLIAN

Je suis grand. Je dépasse.

MORTEN

Je vais avoir une petite sœur.

Fomb et mon père, ils se sont reproduits.

Il se retourne et emporte une partie de la couette avec lui.

KYLIAN

What ????

Je lui tends une main à serrer.

MORTEN
Morten, grand frère.

La tête posée sur l'oreiller, fixe, face à moi, comme un vieux chef sioux, enfin ce que j'imagine être un vieux chef sioux, il me lance :

KYLIAN
C'est mieux que d'être père.

MALIKA

Chambre de Morten

Morten, Malika

Je m'approche, je jette un œil.

Il danse. J'y crois à peine, il danse, musique à fond.

Bras levés, déhanché, sans limites. Il danse sans moi.

Il est seul. Ni Karlsson, ni Kylian ne sont là.

Il est beau, torse nu.

Je frappe, il n'entend pas.

MALIKA

Morten ?

Je frappe plus fort.

MALIKA

Morten ???

Il baisse le volume de la musique. J'entre. Je pose mon sac par terre.

MALIKA

Tu danses maintenant ?

MORTEN

Un peu. C'est une fille qui m'a dit un jour qu'on lâche tout quand on danse.

MALIKA

C'était beau à voir.

MORTEN

J'en profite. Kylian est pas là.

MALIKA

Il va mieux ?

MORTEN

Oui, je crois. Il me pique la couette et il veut toujours pas me dire où il était.

Il continue à dire que les médocs sont pas à lui.

MALIKA

C'est peut-être vrai.

MORTEN

C'est à lui. Le soir, il tombe comme une bûche. Limite défoncé.

MALIKA

… Ils recherchent des bénévoles pour la journée No Kids à Paris en juillet.

MORTEN

Je sais pas pourquoi on me dit jamais rien. Quand ma mère a quitté mon père, j'étais le dernier à le savoir. Même les voisins le savaient avant moi.

MALIKA

Ce sera juste une journée. On pourrait y aller ensemble ?

MORTEN

Quand mon père s'est mis avec Fomb, pareil. Tout le lycée l'a su avant moi.

Pourquoi Kylian a su avant moi quand t'allais avorter ?

On était ensemble et t'as fait comme si j'étais personne ! D'accord, je t'ai pas crue mais je t'ai crue après ! Je voulais t'aider et tu m'as tèj. Encore et encore.

Pourquoi ?

Je sais pas comment le dire. Des tas de phrases moulinent dans mon cerveau, ça s'entrechoque.

MORTEN

Pourquoi ?

MALIKA

Je voulais pas que tu me regardes avec tes yeux bleus de demi-Norvégien.

MORTEN

Quoi ?

MALIKA

Je voulais pas que tu me dises des trucs gentils.

MORTEN

Tu voulais que je continue à jouer les connards ?

MALIKA

Non !

... Tu sais ce que ça fait d'avoir un truc à l'intérieur de toi qui pousse ? Même tout petit ?

Faut pas y penser.

Je voulais plus te voir parce que chaque fois que je te voyais, j'y pensais, et c'était trop dur.

Je le fixe un instant.

MALIKA

Je suis désolée.

Je ramasse mon sac par terre et je commence à sortir.

MORTEN

Attends…

L'infirmière t'a fait le coup des Dragibus ?

Sa voix est douce, tout à coup. Il s'approche de moi.

MALIKA

Elle fait tout le temps le coup des Dragibus.

J'ai l'impression d'avoir le cœur encore déchiré par les battements « Morten ».

Il me prend doucement dans ses bras, puis il attrape ma main. Je me laisse entraîner. Un pas, puis l'autre.

Il colle sa tête à mon front.

MALIKA

Je…

MORTEN

Danse.

Le volume de la musique monte doucement et finit par nous envelopper complètement. Je me colle à lui, mes yeux dans les siens.

MORTEN

Chambre de Morten

Morten, Malika

Couchés sur le lit, tête contre tête, un œil à ses yeux vert-bleu.

MORTEN
… Tu pleures ?
MALIKA
Jamais.
MORTEN
C'est Kylian qui dit ça.

Petit rire glissé sur sa bouche.
Elle a les cheveux détachés. C'est rare.
Elle est belle.
Je pose une main sur sa joue, j'approche mes lèvres.
Je les pose sur les siennes.
Je caresse ses cheveux, sa nuque.
J'ai envie d'elle.
J'ai plus envie de fuir.

MALIKA

Chambre de Morten

Morten, Malika

Je le regarde de tous mes yeux, je l'écoute de tout mon cœur, de tous mes battements « Morten ».

Il s'approche.

On va s'embrasser.

À nouveau.

Je sens sa main sur ma joue, dans mon cou, ses lèvres sur les miennes.

Ils ne les enlèvent pas cette fois-ci.

MALIKA

Je suis allée voir le chêne, près du lycée. J'ai vu mon nom, gravé.

MORTEN

Et t'as vu ce que j'ai écrit en dessous ?

MALIKA

NK.

MORTEN

No Kids.

Il glisse sa langue dans ma bouche.

Et là, juste là, dans l'instant, là, j'ai plus peur de rien.

Et je l'aime, je l'aime, je l'aime.

GROS PLAN

12:46
67%
Trouver du contenu ...
Rechercher
Salut, c'est Morten et Malika.
Aujourd'hui, c'est un post spécial
pour Poulette 21
Pas de No Kids.
Pas de défense du climat.
Malimor Mormali, on s'aime,
encore plus qu'avant.
Spéciale dédicace à notre
ami Kylian qui pleure jamais
et qu'on aime
grave aussi.
381
84
1
2
@NO_KIDS
#NoKids#Malimor#àlamiquipleurepas
NK
Ajouter un commentaire...
@

KYLIAN

Salle de repos

KYLIAN

Je me prépare pour le concours.

J'ai écrit un numéro pour ma marionnette. Je passe mes journées à m'entraîner. Le traitement que je prends marche bien pour mes vertiges et pour mon stress. J'ai pas eu d'autres crises, ça me change la vie.

Si je suis pris, papa, je partirai de chez maman. Je prendrai un studio, je me trouverai un petit boulot.

J'ai tout prévu.

Elle a rien dit pour tes affaires que j'ai vidées de l'appart, elle reste focus sur le fait que j'aime pas baiser avec les filles, elle dit que ça montre bien à quel point je suis abîmé.

J'arrête pas de me dire que c'est de ma faute si elle me parle pas.

Mais faut que je vive, merde, faut que je vive, je peux pas me laisser étouffer par toute cette merde et par tout ce chagrin.

C'est ce qu'ils m'ont dit là-bas.

Faut qu'à ta question, « fils, t'es heureux ? », je puisse répondre que oui, que sans te mentir, oui, je suis heureux.

ÉPILOGUE

MALIKA

Salle de repos

Malika, Morten, Kylian

Tournage TikTok dans la salle de repos. Morten a ramené le panneau led de sa chambre.

Cette fois, on a tout écrit. Un vrai scénario, une vraie mise en scène. Ce sera pour la journée No Kids à Paris en juillet. On va y aller tous les trois. Au mur toujours, les portraits de grand-mère et de Gisèle Beyoncé Halimi, et dans un coin, l'affiche qu'on a posée, Kylian et moi, dans toute la ville.

Je commence face caméra. Et puis Morten me suit et Kylian.

MALIKA

2, place Éluard.

Lycée Paul Éluard.

« Style haussmannien », comme disent les vieux profs d'ici, comme si l'architecture avait de quoi nous rendre fiers.

Ça reste une trace du passé

Ce qu'on veut, c'est l'avenir.

L'éclaircir.

L'inventer.

Le construire. Le rêver.

MORTEN

On veut un avenir : un vrai, un grand, avec des rêves dedans, à imaginer où on sera plus tard quand on aura changé le monde, quand il sera plus aussi tordu, que l'herbe sera vraiment verte, les dingues mis hors d'état de nuire, quand on aura un monde où se lever tôt juste pour gagner de l'argent et bosser comme un fou, ce sera plus une vie, ce sera plus la vie.

KYLIAN

Un avenir avec grand A, pas un petit, pas un bradé, pas une merde de futur.

MALIKA

No kids but a planet !

KYLIAN

No kids, more life !

Gros plan sur l'affiche.

MORTEN

No kids and no plastic !

Gros plan sur les portraits au mur.

KYLIAN MALIKA ET MORTEN

No kids but a life together !

Gros plan sur nous. Face caméra, tous les trois. On se tient par les épaules.

On sourit.

CARNET DE MALIKA
(TEXTE ÉCRIT DANS LA MARGE GAUCHE P. 44 DU CARNET DE RAFFIA)

Je pense à toi, Mamita, je suis sûre que si tu étais là, tu nous dirais quelque chose du genre :

« Je suis avec vous les petits. »

Je voulais te dire aussi : tu ne t'es pas trompée. Tes carnets, j'en ai hérité.

Maman les a lus aussi.

Parfois, elle te cite. Comme une écrivaine. Raffia Elkaïm.

Comme si t'étais Gisèle Halimi ou Simone Veil.

Tu me manques.

J'aurais aimé que tu connaisses Morten et Kylian, Mamita. Tu les aurais aimés.

On est tous les trois maintenant.

Et je les aime.

Mon ami, mon amour.

Et personne ne pourra jamais me voler ça.

Personne ne pourra jamais nous voler ça.

Remerciements

Je remercie Elsa et Claire pour leur soutien et leur accompagnement.

Merci à Diglee pour l'illustration de couverture.

Merci à Myriam Borel et Laetitia Naude pour m'avoir donné leurs conseils avisés et pour m'avoir fait bénéficier de leurs expériences. Merci également à Clément pour m'avoir éclairé, parmi d'autres, sur ce qu'est (ou n'est pas) être asexuel.

Merci à Karine Abela pour avoir dirigé les acteurs à mes côtés pendant l'enregistrement. Merci pour sa présence et son engagement sans faille. Merci également à Elisabeth Hölzle, Sarah Camus et aux élèves du Conservatoire de Dijon qui ont prêté leurs voix aux personnages de ce livre dans la fiction radiophonique du même nom (Marie Vilain, Léna De Castro, Lucas Pistoia, Martin Guillemot, Pierre Pompon). Merci au Conservatoire pour sa collaboration.

Cette pièce a été enregistrée et mixée par Adrien Desse. Nous l'avons pensée, réalisée et mise en musique à deux (Sparkles Studio). Elle a été produite grâce à la Ville de Dijon et au studio Sparkles.

Merci à Kidsono et à Benoist Husson.
Merci à Arnaud Cathrine.
Merci à Pauline pour ses nombreux encouragements, pour sa foi inaltérable en moi.

Merci enfin à toutes celles et ceux qui, par leurs charismes et leurs engagements, leur sincérité à être, de 7 à 100 ans, ont inspiré des parts de Morten, Malika et Kylian.

L'écoute de la fiction radiophonique
No Kids, c'est par ici.
Cette fiction a été enregistrée en son binaural,
il est donc préférable de l'écouter au casque.

Composition et mise en pages
Nord Compo à Villeneuve-d'Ascq

#lisez! engagé
www.lisez.com
Pour plus d'information :
Imprimé sur du papier issu de forêts gérées durablement.

Achevé d'imprimer en décembre 2023
par Normandie Roto Impression s.a.s.
61250 Lonrai (Orne)
N° d'édition : 66583/01 – N° d'impression : 2305634

Imprimé en France